男子脳がぐんぐん育つ！

決定版 **男の子のおりがみ**

監修 新井康允
脳神経科学者・順天堂大学名誉教授

主婦の友社

脳科学に見る 男の子・女の子

青や緑などの寒色、空想的な遊びが男の子は大好き！

脳神経科学者
新井康允先生

男女の傾向
男の子は……
- 積み木や動くおもちゃが好き
- 寒色系がお気に入り
- 動くものを好んで絵に描く
- おもちゃなどがどういうメカニズムで動くのかを追求する「システム化の脳」
- 体を使った遊びを好み、エネルギー消費が大
- 空間認知力が高く、対物志向

赤ちゃん時代は男女のちがいはあいまいですが、成長とともに性差がくっきりしてきます。とくに意識して遊びを教えたつもりはなくても、男の子は乗り物やロボットなどのおもちゃが好きだったり、活発に動き回る遊びに夢中になったりする傾向が見られます。

「子どもの脳は、胎児のときに男性ホルモンを浴びるかどうかで変わってきます。そのため生

ホルモンの働きで生まれたときから男女差が

男女の傾向
女の子は……
- ままごとや人形遊びが好き
- 暖色系がお気に入り
- 人物や花を好んで絵に描く
- 人と話したり、気持ちを察したり、コミュニケーション力が高い「共感性の脳」
- 日常生活に対する興味・関心が深い
- 言語能力が高く、対人志向

まれたときにはすでに性差があります。その後の成長過程で、家庭の環境や社会的な影響などにより男女差が広がっていくと考えられています」と、脳神経科学者の新井康允先生。男の子はお母さんのおなかの中で、自分の精巣から分泌される男性ホルモンの「アンドロゲン」を浴びますが、女の子は精巣がないので浴びません。胎児のときこのホルモンを浴びるかどうかによって、先天的なちがいが出てきます。

男の子と女の子で、描く絵はこんなに対照的

▲6歳の男の子の自由画

▲6歳の女の子の自由画

動くおもちゃが好きで、活発な男の子

　男の子と女の子のちがいは、描く絵にもわかりやすく表れるといわれます。上の例のように、男の子の絵は車や電車、飛行機など動くものが多く、またモチーフを積み重ねて描くなどの3次元的な構図が多くなります。色調は寒色系で、使う色も少なめです。

　反対に女の子の絵は人物や花、動物や太陽など、平和的で楽園的なモチーフが多く、構図は同一線上に描いた2次元的なものが特徴。色づかいもカラフルです。こうした特徴は世界各国で共通しているため、「普遍的な性差によるものだと考えられます」と新井先生。

　ほかにも、男の子は女の子に比べると非常に活発で、エネルギー消費が大で無鉄砲なところがあります。対戦ゲームなどの攻撃的な遊びや立体をつくる積み木などに興味を示し、乗り物やダイナミックに動くものを好む「対物志向」が強いものです。女の子は、人形遊びやままごと遊びなど日常に近い遊びを好むほか「対人志向」も強く、人の気持ちを読みとったり、共感したりする「共感性」や「やさしさ」に長けているなど、男の子とは対照的です。

幼児の絵に見る男女の性差
（幼児が描く自由画に表れる男女差の傾向を比較したもの）

男の子	女の子	
動くもの（自動車、電車、飛行機、ロケット、船など）、武器、機械的なもの、攻撃的シーン	人物、花、ちょう、小動物（ペット）、地面、木（草木）、家	モチーフ
暗い色、寒色、使う色は6色以下、ひとつの場所を同じ色で塗る	明るい色、暖色、10色以上を使う、色を散在的に使う	色
拡大して中心に配置、強調的、ふかん的、3次元的	モチーフは複数、各モチーフを均等に、並列的に描く、2次元的	構図
リアルな表現、細部まで細かい、ダイナミック	あまりリアルでなく擬人的、平和的、楽園的、装飾的	表現

出典：「臨床精神医学 第30巻 第7号 別刷」

そんな「男の子脳」にぴったりのおりがみは？

脳科学に見る「男の子・女の子」

手指の機能向上や脳の発達に効くおりがみ

　本書はそんな男の子と女の子の脳の性差に注目して構成しています。とり上げている作品は、男の子が好んでいる遊びや、好きなものを中心に選んでいるため、折りたいものがすぐに見つかります。実際に動かして遊ぶものや対戦ゲームができるもののほか、恐竜などの作品もあるので、折ったあとにもたっぷり遊んでください。

　指先を使ってギュッと折りつぶしたり、おりがみの端と端を合わせようとしたりする手指の動きは、手指そのものの機能を向上させることはもちろん、脳の刺激・発達にもつながっていきます。

1 かっこいいのりもの
飛行機や車など

男の子は"システム化の脳"をもつので（2ページ）紙飛行機をより遠くに飛ばすには？など考える機会に。

子どもが好きなモチーフの男女差
（幼児が描く自由絵に登場するモチーフを比較研究した数値）

モチーフ	男の子 %	女の子 %
動くもの（乗り物など）	92.4	4.6
山	14.5	3.1
人物	26.5	93.6
花	7.2	57.0
ちょう	3.2	23.4
太陽	50.8	76.5
家、建築物	17.7	33.5
木	9.6	23.4
地面	42.7	57.8
雲	25.0	32.8
空	41.9	49.5

出典：「臨床精神医学 第30巻 第7号 別刷」

2 かわいいいきもの
身近な動物や昆虫など

動物園で見られるいきものや身近で出合える昆虫は、男の子が興味をもつ対象です。

3 きょだい きょうりゅう
大きな恐竜たち

男の子は空想的な遊びが大好き。今も昔も、恐竜は男の子にとって永遠のあこがれ。

4 みんなであそぼう！
友だちといっしょに対戦ゲーム

活発な遊びが大好きな男の子が、夢中になるモチーフばかりです。

成長過程でかたちづくられる個性を大切に

　男の子は先天的に寒色系を好む傾向があるため、最初は青や緑、紫などを積極的に手にとりがちですが、ほかの色を無理に与える必要はありません。大人といっしょにおりがみを折る中で、ほかの色で折った作品を目にしていれば、使う色の範囲は自然と広がっていくでしょう。

　一方で、男の子らしさや女の子らしさといったものに、あまりこだわりすぎるのもよくありません。先天的な男女のちがいはあっても、その後の個性や「その子らしさ」は家庭環境や社会環境、経験などがかたちづくっていくものです。ここに挙げているのはあくまでも「傾向」なので、異なるモチーフや暖色を好む男の子もいて、それはまたその子の個性です。「男の子はたくましく」といった固定観念を押しつけず、のびのびと育つよう見守りましょう。

▲男の子は寒色系を好みます。

▲対して女の子は暖色系が大好き。

監修者 新井康允（あらい やすまさ）先生　脳神経科学者で順天堂大学名誉教授。性差による脳のちがいを長年研究。『ここまでわかった！女の脳・男の脳』(講談社)、『男脳と女脳 こんなに違う』(河出書房新社) など著書多数。一男三女の父。

男の子が「かっこいい」「遊びたい」と感じるような、楽しいおりがみを集めました。
1枚の紙を、乗り物や動物、恐竜などへと形を変化させていくおもしろさは、
豊かな感性と想像力を育てます。
また、折ったあとも、動かしたり、対戦したりして遊べるのもおりがみの魅力。
ぜひ、いっしょに楽しんでください。

もくじ

青や緑などの寒色、空想的な遊びが
男の子は大好き！ ……………………… 2

きほんのおりかたときごうのやくそく ……… 10

1 りく、うみ、そらをいく かっこいいのりもの

いかひこうき	14
ジェットき	16
のしいかひこうき	18
へそひこうき	20

ウインドボート …………… 23
ボート ……………………… 26
ロケット …………………… 28
UFO（ユーフォー）……… 30
じんこうえいせい ………… 32
くるま❶ …………………… 35
くるま❷ …………………… 39

2 みんなだいすき かわいいいきもの

- にわとり ……… 44
- ひよこ ……… 46
- からす ……… 47
- ペンギン ……… 50
- くじら ……… 52
- つばめ ……… 54
- うま ……… 56
- らくだ ……… 58
- きつね ……… 60
- ぞう ……… 62
- きじ ……… 65
- エイ ……… 68
- うみがめ ……… 70
- ばった ……… 72
- かまきり ……… 74
- ざりがに ……… 76
- とんぼ ……… 78
- かたつむり ……… 80
- くわがた ……… 82
- せみ ……… 84
- ゴリラ ……… 86

3 びっくり、だいこうふん！ きょだいきょうりゅう

- ブラキオサウルス ……… 90
- デイノニクス ……… 93
- アパトサウルス ……… 96
- ステゴサウルス ……… 98
- ティラノサウルス ……… 100
- プレシオサウルス ……… 103
- セイスモサウルス ……… 106

4 つくって、うごかして みんなであそぼう！

- ぴょんぴょんがえる ……… 110
- おたまじゃくし ……… 113
- たこ ……… 114
- いか ……… 116
- かみでっぽう ……… 120
- ふきごま ……… 122
- しゅりけん ……… 124
- めんこ ……… 126
- カメラ ……… 128
- グローブとボール ……… 130
- おすもうさん ……… 132

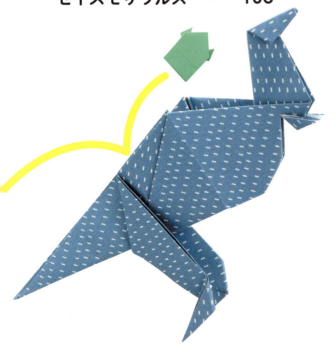

5
おおきくなあ〜れ！
おとこのこ
おいわいかざり

かぶと	136
こいのぼり	138
あやめ	140

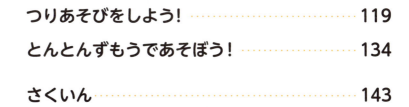

つりあそびをしよう！	119
とんとんずもうであそぼう！	134
さくいん	143

きほんのおりかたと
きごうのやくそく

たのしくおりがみをするために、きほんのおりかたを、しっておきましょう。
おるときのおてほんになる「おりず」には、いろいろな「きごう」がでてきます。
おぼえておくと、おるのがかんたんになります。

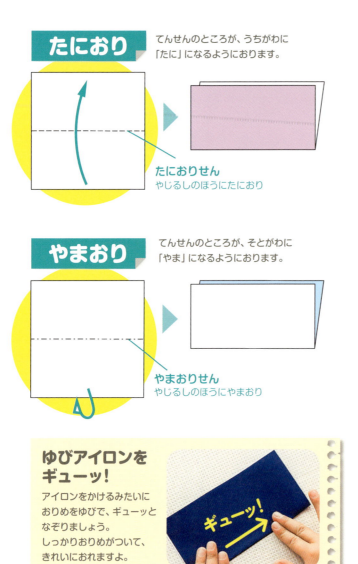

たにおり
てんせんのところが、うちがわに「たに」になるようにおります。

たにおりせん
やじるしのほうにたにおり

やまおり
てんせんのところが、そとがわに「やま」になるようにおります。

やまおりせん
やじるしのほうにやまおり

ゆびアイロンをギューッ！
アイロンをかけるみたいにおりめをゆびで、ギューッとなぞりましょう。
しっかりおりめがついて、きれいにおれますよ。

おりすじをつける
いちどおってもどすと、すじがついてつぎをおる「めやす」になります。

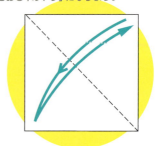

1
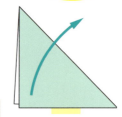
てんせんのところでたにおりしたあと、もどします。

2

ほら、おったところにおりすじがつきました。

ひらいて、つぶす

しかくを、ひらいてつぶす

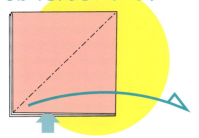

⬆のあたりから、しかくのふくろにゆびをいれます。そして、やじるしのほうにひらいたら、つぶします。

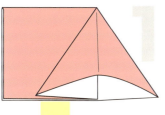

1 しかくのふくろにゆびをいれてひらいたところ。

2 つぶすとさんかくにへんしん！

さんかくを、ひらいてつぶす

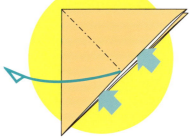

⬆のあたりから、さんかくのふくろにゆびをいれます。そして、やじるしのほうにひらいたら、つぶします。

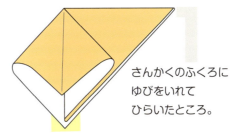

1 さんかくのふくろにゆびをいれてひらいたところ。

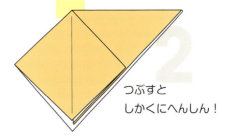

2 つぶすとしかくにへんしん！

だんおり

おりあがりが「だん」になるように、やまおりとたにおりを、となりあわせにおります。

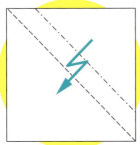

1 さいしょに、たにおりではんぶんにおったら、てんせんのところで、おりかえします。

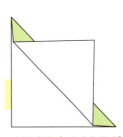

2 たにおりとやまおりがとなりあわせになって「だん」がおれました。

なかわりおり

ふたつおりのあいだをわって、おりいれます。

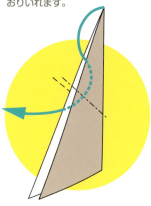

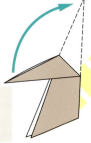

おりせんのところでいちどおってもどし、おりすじをつけます。

すこしひろげて、おりすじのところでなかにおりいれます。

ゆびでおして、わりいれるよ。

もっとおりさげて…

なかわりおりができました。

そとわりおり

ふたつおりを、とちゅうからぐるんとうらがえします。

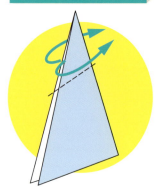

おりせんのところでいちどおってもどし、おりすじをつけます。

ふたつおりをひろげて、おりすじのところでぺこんとうらがえします。

おりたたむと、そとわりおりのできあがり。

おりずらす

おっているめんと、ちがうめんをだします。

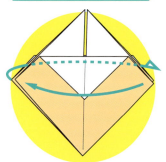

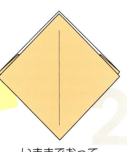

てまえをひだりに、むこうがわをみぎにおります。

いままでおっていたのと、ちがうめんがでました。

1 りく、うみ、そらをいく
かっこいい のりもの

ひこうきやくるま、ロケットやボート。
どれもみんな、かっこいいよ。
なにからつくろうか、まよっちゃうね。

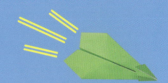

かっこいいのりもの

いかひこうき

スピードがでそうな、スキッとしたかたち。
あたまが、いかににているね。
ながしかくのかみで、つくります。

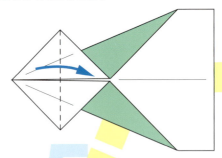

1 ながしかくのかみの
いろがついているほうを
おもてにします。
はんぶんにおってもどし、
おりすじをつけます。

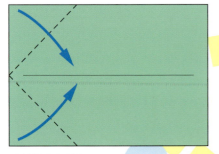

2 ひだりのかどを
まんなかのおりすじに
あわせて
さんかくにおります。

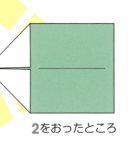

2をおったところ

うらがえす

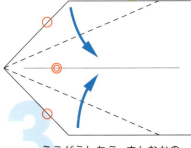

3 うらがえしたら、まんなかの
おりすじにあわせて
さんかくにおります。
○と◎をあわせるようにおりましょう。

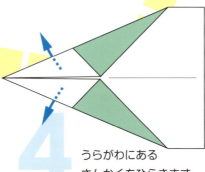

4 うらがわにある
さんかくをひらきます。

5 ひだりがわを
はんぶんにおります。

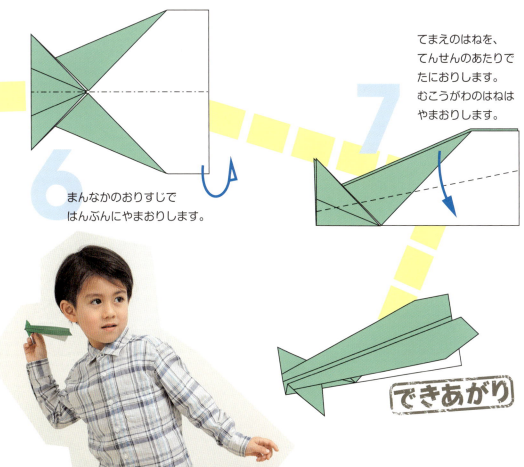

6 まんなかのおりすじで はんぶんにやまおりします。

7 てまえのはねを、てんせんのあたりでたにおりします。むこうがわのはねはやまおりします。

できあがり

かっこいいのりもの

ジェットき

ひこうきのさきに、カバーがついていて
かっこいいでしょ。
すごいはやさで、とんでいきそうだね。

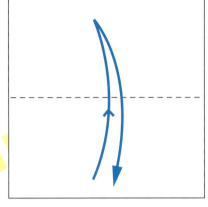

1 よこはんぶんにおってもどし
おりすじをつけます。

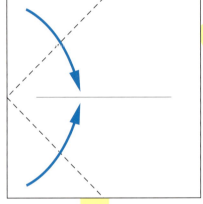

2 おりすじに
あわせて
ひだりのかどを
さんかくにおります。

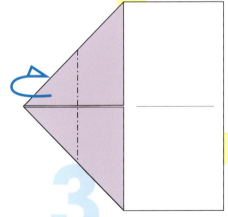

3 ひだりのかどをむこうがわへ
やまおりします。

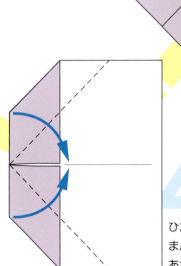

4 ひだりのかど2つを
まんなかのおりすじに
あわせております。

5 したはんぶんを
むこうがわへ
やまおりします。

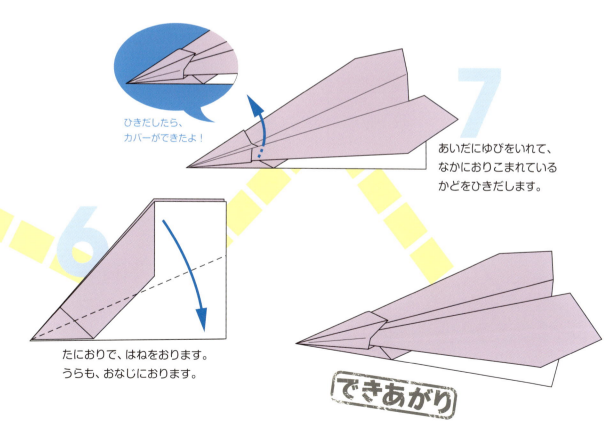

ひきだしたら、
カバーができたよ！

7 あいだにゆびをいれて、なかにおりこまれているかどをひきだします。

6 たにおりで、はねをおります。うらも、おなじにおります。

できあがり

かっこいいのりもの

のしいかひこうき

いかをうすくのばした「のしいか」と
ひらべったいかたちが、にているね。
おおきなはねで、ゆったりとんでいきます。

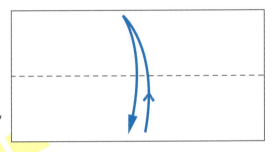

1 ながしかくのかみを
はんぶんにおってもどし
おりすじをつけます。

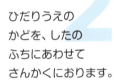

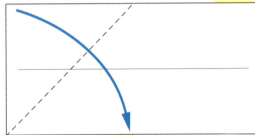

2 ひだりうえの
かどを、したの
ふちにあわせて
さんかくにおります。

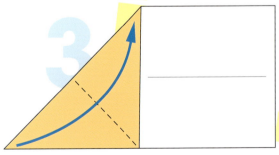

3 こんどは、ひだりしたのかどを
うえにあわせて、おります。

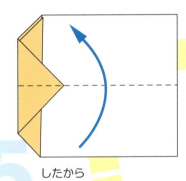

5 したから
はんぶんにおります。

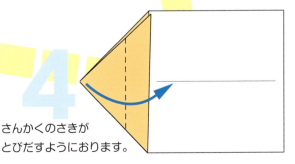

4 さんかくのさきが
とびだすようにおります。

7 はねのはしを
すこしおりあげます。
うらも、おなじにおります。

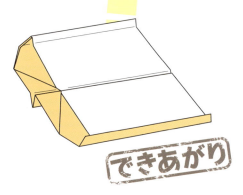

8 はねがたいらに
なるようにひろげます。

6 てまえの1まいだけ、
したにおります。
うらも、おなじに
おります。

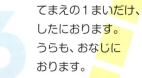

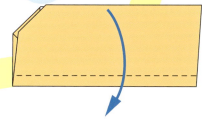

できあがり

かっこいいのりもの
へそひこうき

このひこうきには、おへそがあるよ。
おなかにあるさんかくが、おへそだよ。
ビューンととおくまで、とばしてみよう！

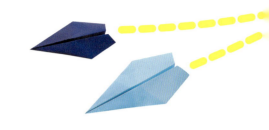

1 ながしかくのかみを
はんぶんにおってもどし
おりすじをつけます。

2 おりすじにあわせて
うえとしたを
さんかくにおります。

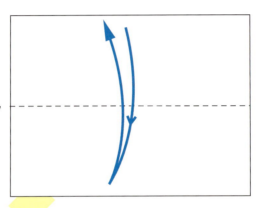

3 ひだりのかどを
てんせんのあたりで
おります。

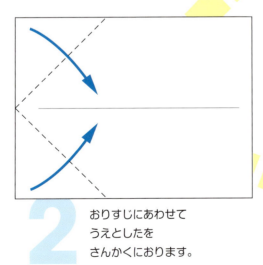

4

ひだりのうえと
したのかどを、
おりすじにあわせて
もういちど
さんかくにおります。

5

ちいさくとびでている
さんかくを、おりかえします。
ここが「おへそ」です。

つぎの
ページへ

かっこいいのりもの
ウインドボート

ボートのうしろから「ほ」にいきをふくと
スーッとすべるようにはしるよ。
いきをいっぱいにすいこんだら、「フーーッ!」。

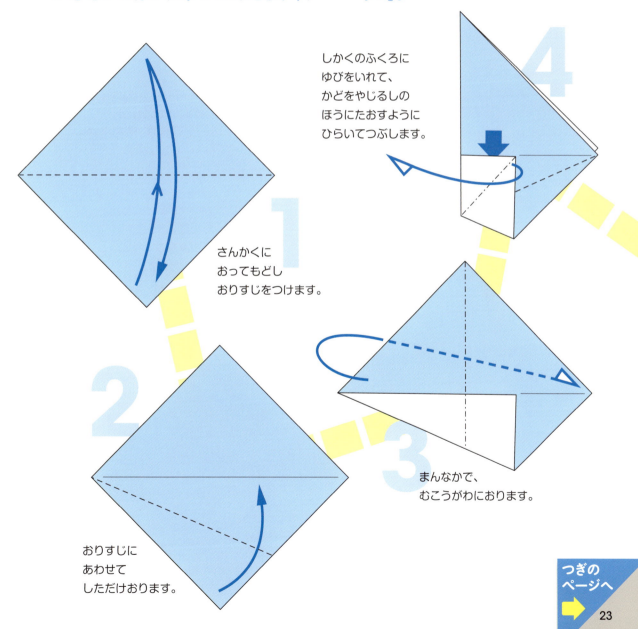

1 さんかくに おってもどし おりすじをつけます。

2 おりすじに あわせて しただけおります。

3 まんなかで、 むこうがわにおります。

4 しかくのふくろに ゆびをいれて、 かどをやじるしの ほうにたおすように ひらいてつぶします。

つぎのページへ

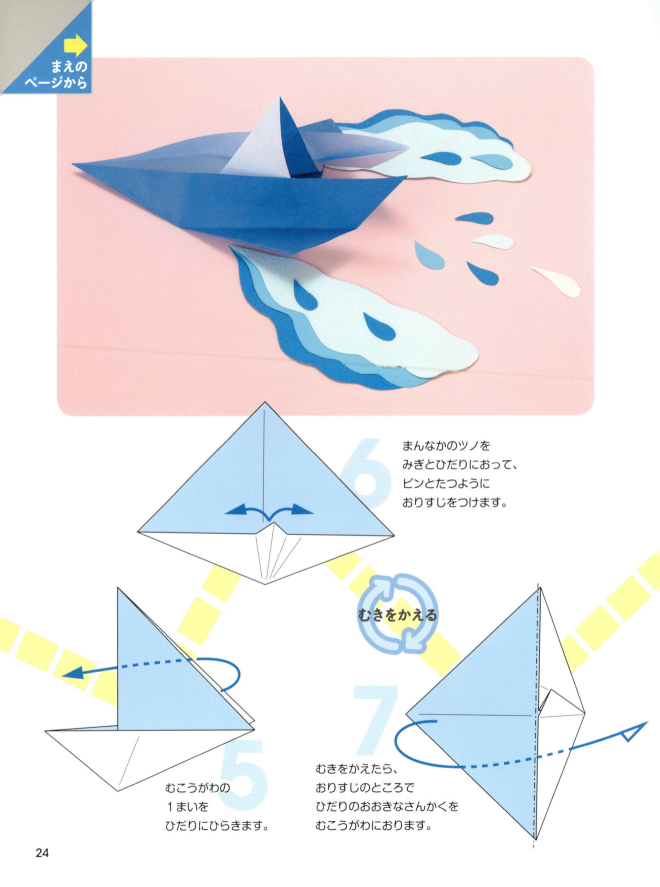

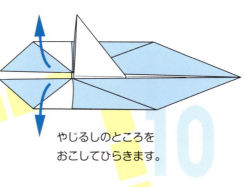

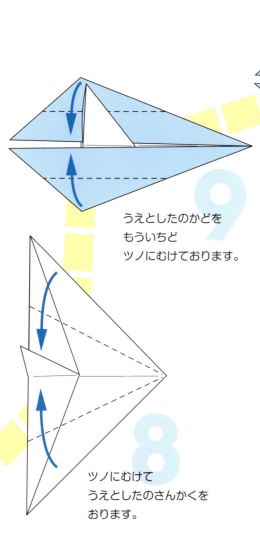

9 うえとしたのかどを
もういちど
ツノにむけております。

8 ツノにむけて
うえとしたのさんかくを
おります。

10 やじるしのところを
おこしてひらきます。

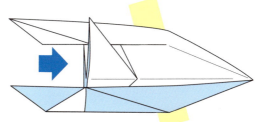

11 ふいたときに、いきがよく
あたるように
「ほ」をひろげます。

ツノのうらから、てをいれて
おおきくひろげてね。

できあがり

かっこいいのりもの
ボート

おっているとちゅうで、ひっくりかえす
ところがポイントだよ。
やわらかい「わし」でつくると、かんたんです。

1 いろのついたほうを
おもてにします。
たて・よこにおってもどし、
おりすじをつけます。

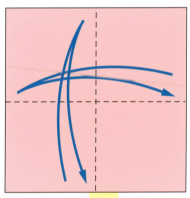

2 おりすじにあわせて
うえとしたを
はんぶんにおります。

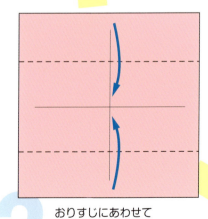

3 4つのかどを
さんかくにおります。

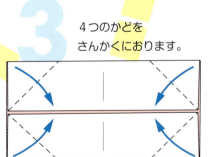

4 てんせんのところで
うちがわにおります。

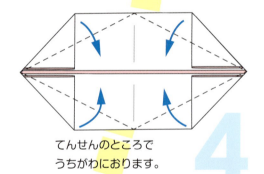

5 うえとしたの
さんかくのかどを
まんなかにあわせて
おります。

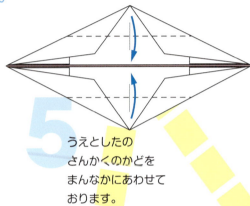

りょうてでもって
ぐるりとひっくりかえしてね。

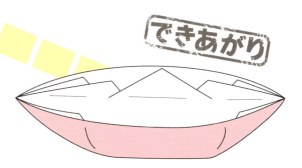

できあがり

7

ひらいているとちゅう。
いろのついたほうが
おもてになるように
うらがえします。

6

おりめのあいだに
ゆびをいれて
そとがわにひらきます。

かっこいいのりもの
ロケット

ストローで、したからふきあげると、たかくとびたちます。
じょうずにビューンととばしてね。

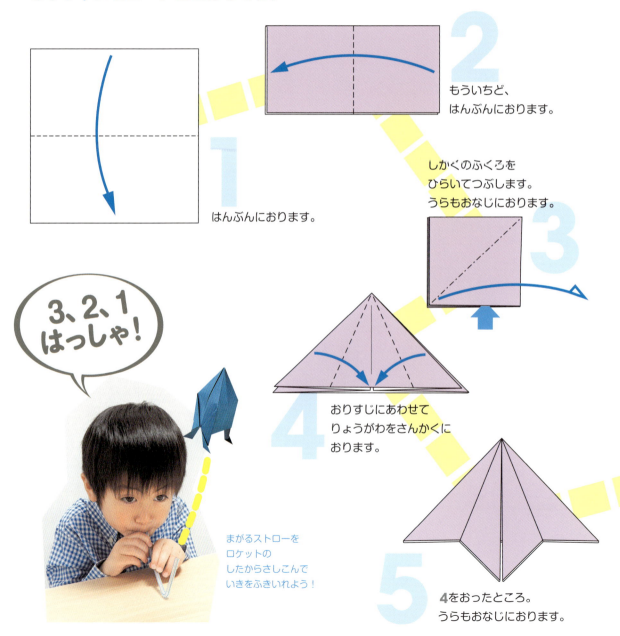

1 はんぶんにおります。

2 もういちど、はんぶんにおります。

3 しかくのふくろをひらいてつぶします。うらもおなじにおります。

4 おりすじにあわせてりょうがわをさんかくにおります。

5 4をおったところ。うらもおなじにおります。

3、2、1 はっしゃ！

まがるストローをロケットのしたからさしこんでいきをふきいれよう！

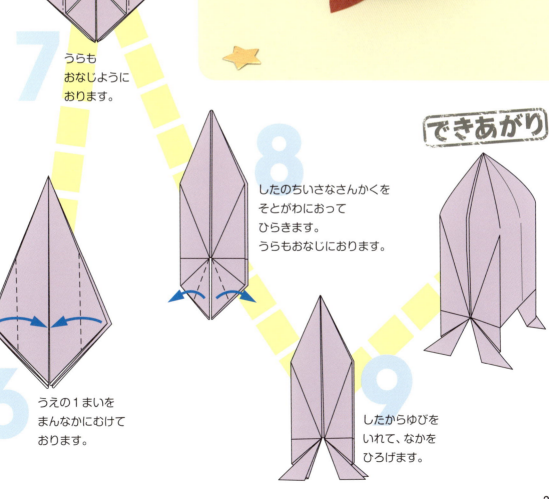

7 うらも おなじように おります。

6 うえの1まいを まんなかにむけて おります。

8 したのちいさなさんかくを そとがわにおって ひらきます。 うらもおなじにおります。

9 したからゆびを いれて、なかを ひろげます。

できあがり

かっこいいのりもの

UFO（ユーフォー）

そらにうかぶ、えんばんがたの UFO（ユーフォー）。
うちゅうのかなたから、とんできたのかな？

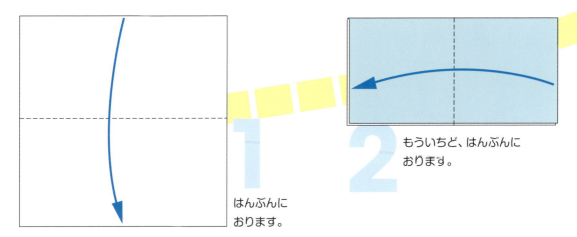

1 はんぶんに おります。

2 もういちど、はんぶんに おります。

おりがみ創作：新宮文明

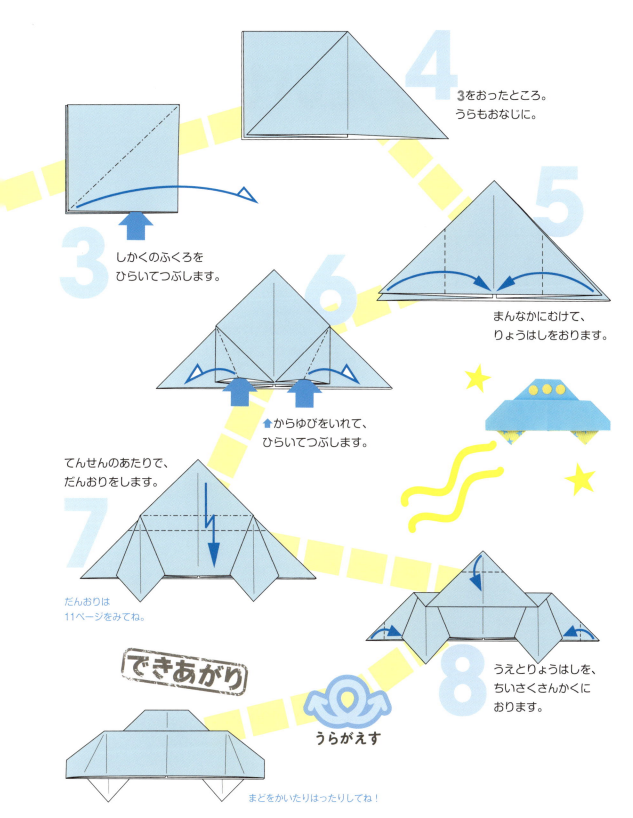

かっこいいのりもの
じんこうえいせい

つきだした4まいのはねが、かっこいいでしょ。
「ふうせん」のおりかたを、ちょっとかえたかたちです。
うちゅうへのゆめをこめて、おってみてね。

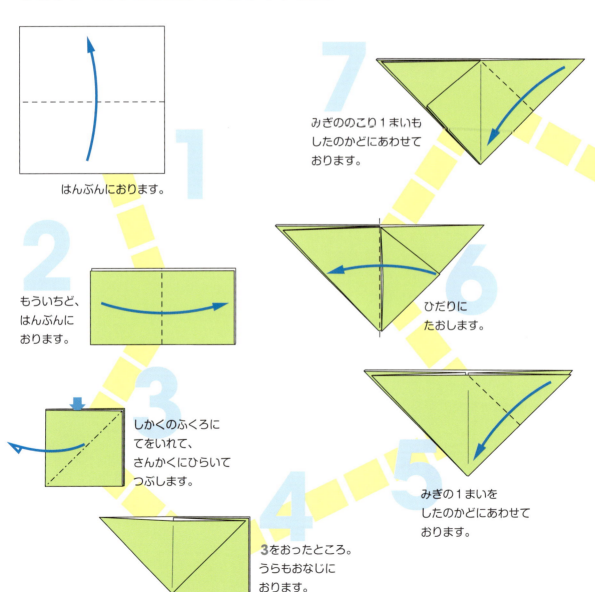

1 はんぶんにおります。

2 もういちど、はんぶんにおります。

3 しかくのふくろにてをいれて、さんかくにひらいてつぶします。

4 3をおったところ。うらもおなじにおります。

5 みぎの1まいをしたのかどにあわせております。

6 ひだりにたおします。

7 みぎののこり1まいもしたのかどにあわせております。

8
6のさんかくを
もとにもどします。

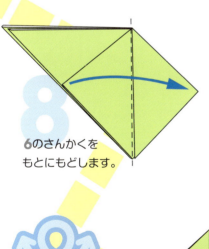

うらがえす

9
うらがえしたら、
のこった2まいも
おなじように5〜8をおります。

10
ここから14までは
てまえみぎのさんかくを
ずっとおっていきます。
まず、かどをまんなかにおり
おりすじだけつけます。

11
したのかどを
うえにおります。

つぎの
ページへ

まえのページから

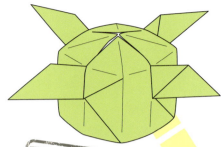

できあがり

12
やじるしのほうに
いちど、ひらきます。

13
おりすじの
ところで
ひだりにおります。

14
2まいめのしたに
▼からゆびをいれて、
ひらいてつぶすように
おります。

15
14までおったところ。
はねが1まい
かんせいしました。
おるめんをかえて、
のこりの3つのさんかく
（○のところ）も
おなじように
10〜14をおります。

16
いきを
ふきこむ

はねが4まいできたら
ふうせんのように
いきをふきこんで
ふくらませます。

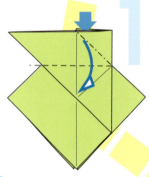

ふくろを、さんかくにおりつぶすよ。
おりすじを、じょうずにつかってね。

ぐんぐん！ 遊び方のヒント

　日本の人工衛星は、小惑星探査機「はやぶさ」や金星探査機の「あかつき」など、たくさん宇宙に打ち上げられてきました。男の子のあこがれの一つでもある「宇宙」のことを、おりがみに託しながら話してみましょう。「大きくなったら宇宙飛行士になりたい」など、将来の夢や職業を考えるきっかけにもなるでしょう。

かっこいいのりもの

くるま ◆1

コロンとしたかたちが、かわいいミニワゴン。
うらにもいろのついた、おりがみでおると
タイヤとヘッドライトに、ちがういろがでて、かっこいいよ。

1 「からす」（47ページ）の **4** までおります。

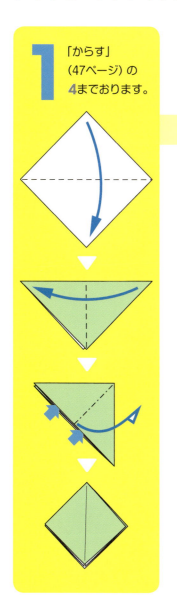

2 よこはんぶんにおりすじをつけます。つぎに、うえのかどをしたのさんかくのはんぶんまで、おります。

3 みぎとひだりを、てんせんのところでいちどおってからもどしおりすじをつけます。

4 したの1まいをおさえながら、うえの1まいをひらきます。

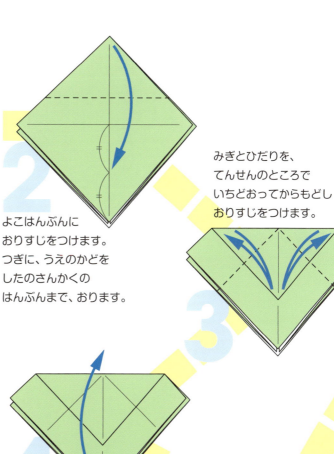

こんなふうに、ひらいてね。

つぎのページへ

35

まえの
ページから

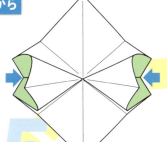

5
たちあがってきた、
みぎとひだりのふくろに
➡からゆびをいれ、
しかくくつぶします。

6
みぎとひだりのかどを
てんせんのところでおります。
みぎとひだりで、おるばしょが
ちがうので、ちゅういしましょう。

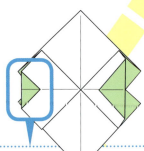

7
ひだりのさんかくを
したのようにおりましょう。

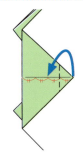
1
ちいさいさんかくを
おります。

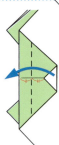
2
1でおったところが、
ひだりにとびだす
ように、おります。

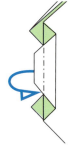
3
とびだしたところを、
むこうがわに
やまおりします。

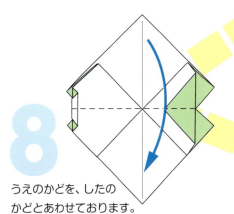

8
うえのかどを、したの
かどとあわせております。

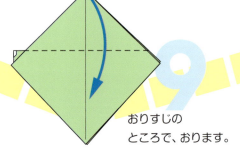

9
おりすじの
ところで、おります。

11
10でつぶした
しかくをはんぶん
におります。

12
ひだりの
1まいだけをみぎに
おります。

10
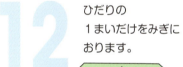
☝からゆびをいれて、
もちあげるようにして
しかくくつぶします。

こんなふうに、ゆびをいれてね。

13
てんせんのところで
やじるしのほうにおります。
みぎがわは、うえの
1まいだけおります。

つぎの
ページへ

まえの
ページから

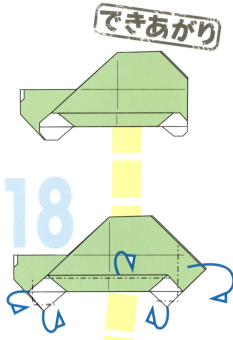

できあがり

14 したをやじるしのほうに
ひらきながら、
てんせんのところで
おります。

15 てんせんのところで
おりあげます。
うらがわもおなじに。

16 おりあげたかどを
てんせんのところで、
したにおります。
うらがわも、おなじにおります。

17 したのさんかくを
うちがわにおりこみます。
うらがわも、おなじように
おりこみます。

18 かたちをととのえるために、
それぞれのやじるしのほうに
おります。

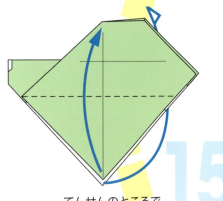

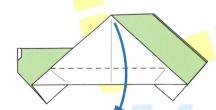

かっこいいのりもの

くるま ②

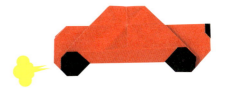

ミニワゴンとくらべ、スリムでかっこいいくるま。
うらにもいろのついたおりがみでおると、
タイヤとヘッドライトのところにいろがでるよ。

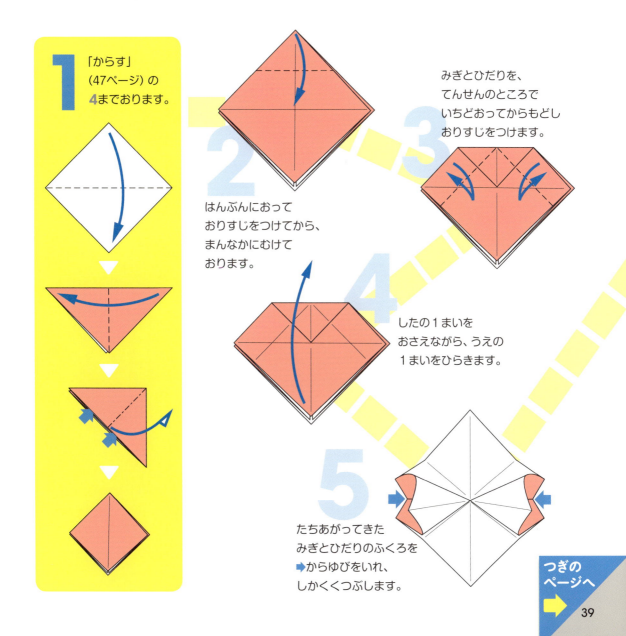

1「からす」（47ページ）の**4**までおります。

2 はんぶんにおっておりすじをつけてから、まんなかにむけております。

3 みぎとひだりを、てんせんのところでいちどおってからもどしおりすじをつけます。

4 したの1まいをおさえながら、うえの1まいをひらきます。

5 たちあがってきたみぎとひだりのふくろを➡からゆびをいれ、しかくくつぶします。

つぎのページへ

39

まえの
ページから

6

みぎとひだりのかどを
てんせんのところでおります。
みぎとひだりで、
おるばしょがちがうので
ちゅういしましょう。

7

ひだりのさんかくを
したのように
おりましょう。

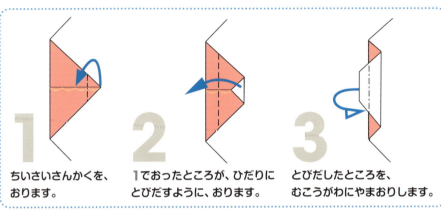

1 ちいさいさんかくを、おります。

2 1でおったところが、ひだりにとびだすように、おります。

3 とびだしたところを、むこうがわにやまおりします。

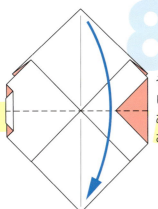

うえのかどを、したのかどとあわせております。

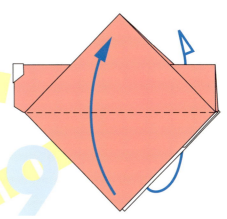

てまえの1まいだけ、おりあげます。うらがわも、おなじに。

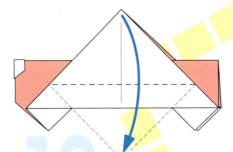

てんせんのところで、おります。うらがわも、おなじようにおります。

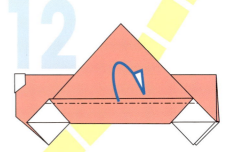

てんせんのところで、ほそくやまおりします。うらがわも、おなじようにおります。

したのさんかくをうちがわにおりこみます。うらがわも、おなじようにおりこみます。

つぎのページへ

41

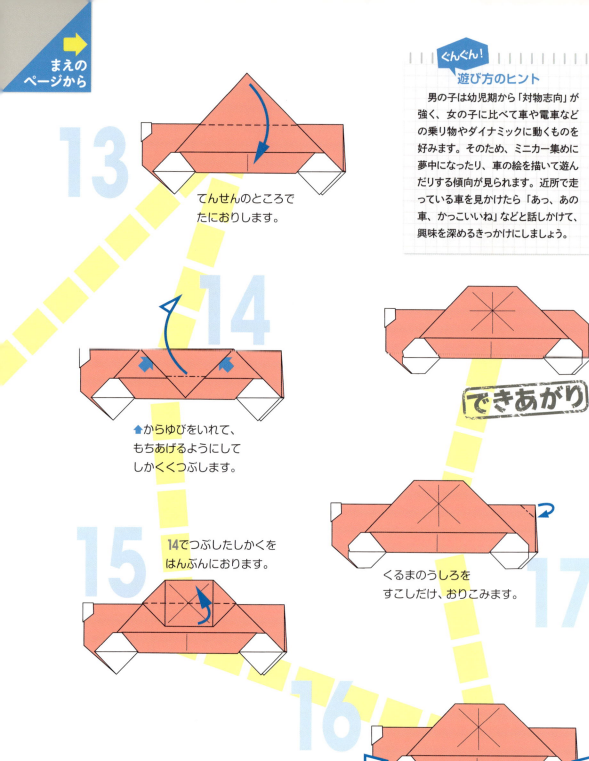

まえのページから

ぐんぐん！
遊び方のヒント

男の子は幼児期から「対物志向」が強く、女の子に比べて車や電車などの乗り物やダイナミックに動くものを好みます。そのため、ミニカー集めに夢中になったり、車の絵を描いて遊んだりする傾向が見られます。近所で走っている車を見かけたら「あっ、あの車、かっこいいね」などと話しかけて、興味を深めるきっかけにしましょう。

13 てんせんのところでたにおりします。

14 ←からゆびをいれて、もちあげるようにしてしかくくつぶします。

15 14でつぶしたしかくをはんぶんにおります。

16 タイヤのかたちをととのえるために、やじるしのほうこうへすこしずつおりこみます。

17 くるまのうしろをすこしだけ、おりこみます。

できあがり

みんなだいすき
2 かわいい いきもの

とりのなかまや、どうぶつたち。
みんながだいすきな、こんちゅうもいっぱい。
じぶんのすきなものから、おってみよう。

かわいいいきもの

にわとりとひよこ

なかよくおしゃべりしているみたいな
にわとりのおやこ。なにをはなしているのかな？

にわとり

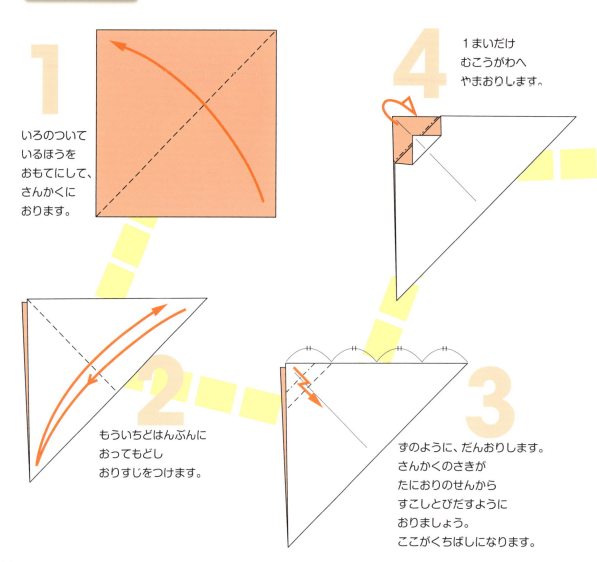

1 いろのついているほうをおもてにして、さんかくにおります。

2 もういちどはんぶんにおってもどしおりすじをつけます。

3 すのように、だんおりします。さんかくのさきがたにおりのせんからすこしとびだすようにおりましょう。ここがくちばしになります。

4 1まいだけむこうがわへやまおりします。

ひよこ

ひよこは、にわとりより ずっとちいさなかみで おりましょう。

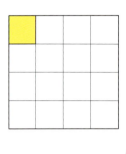

1 3つのかどを てんせんのところで うちがわにおります。

2 1つだけ、さきがとびだすように やじるしのほうへおりかえします。

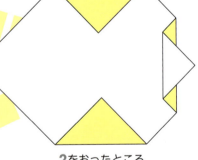

2をおったところ

うらがえす

できあがり

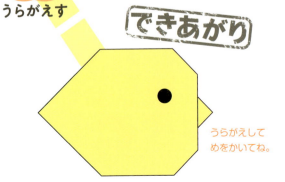

うらがえして めをかいてね。

かわいいきもの
からす

とがったくちばしで、なんでもつついて
いたずらしちゃう、からす。
スッとたったすがたは、ちょっとかっこいいでしょ。

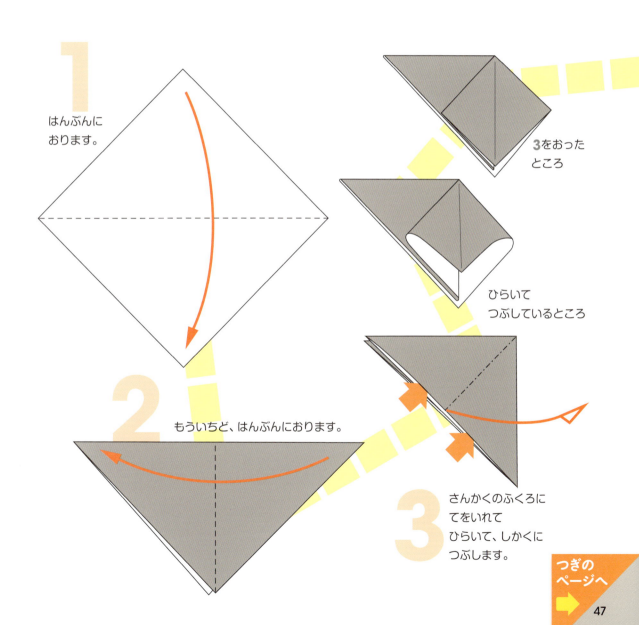

1 はんぶんにおります。

2 もういちど、はんぶんにおります。

3 さんかくのふくろにてをいれてひらいて、しかくにつぶします。

3をおったところ

ひらいてつぶしているところ

つぎのページへ

47

まえの
ページから

5 ずのように
おってもどし、
おりすじを
3つつけます。

うらがえす

4 うらも3と
おなじように
ひらいて、しかくに
つぶします。

6 てまえのかどをおりあげます。
このとき、みぎとひだりのかどは
5のおりすじの
うちがわにたたむようにします。

7 6をおっているところ。
うらがわもおなじにおります。

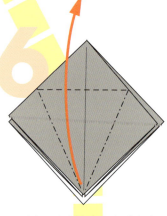

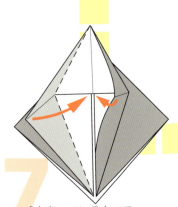

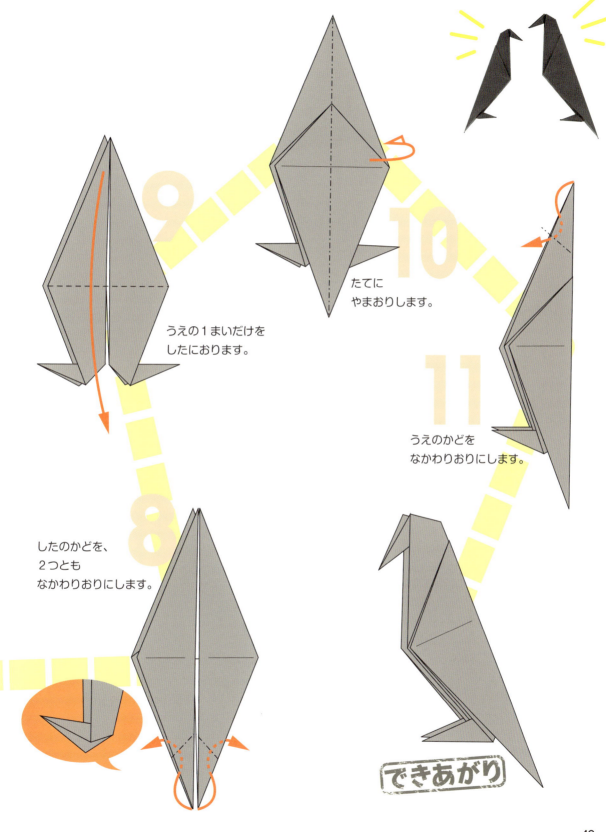

かわいいいきもの
ペンギン

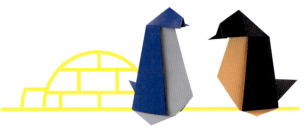

おやこのペンギンが、おさんぽしているよ。
ヨチヨチあるいているすがたが
とってもかわいいね。

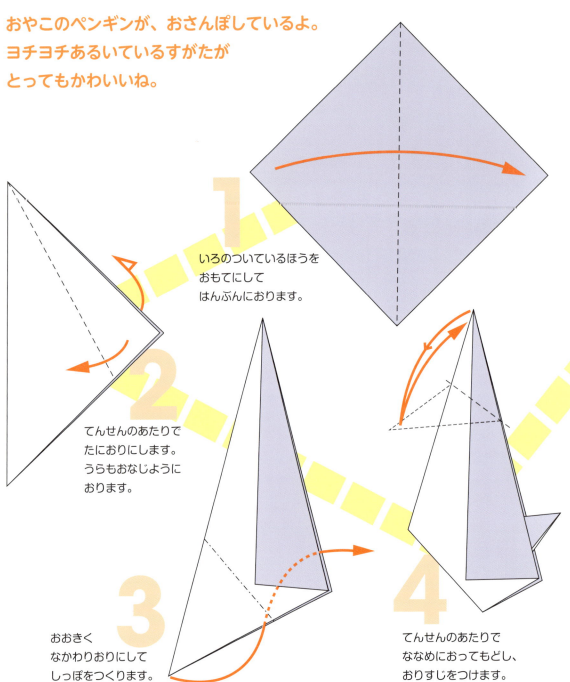

1 いろのついているほうを
おもてにして
はんぶんにおります。

2 てんせんのあたりで
たにおりにします。
うらもおなじように
おります。

3 おおきく
なかわりおりにして
しっぽをつくります。

4 てんせんのあたりで
ななめにおってもどし、
おりすじをつけます。

そとわりおりをします。
12ページをみてね。

5
おりすじのさきだけ
かみのおもてうらを
ひっくりかえして、
あたまをおります。

6
あしがたつように、したのさんかくを
てまえとむこうがわにおります。
あたまのひだりはしは、だんおりして
くちばしをつくります。

ぐんぐん！
遊び方のヒント

水族館でも人気のペンギン。おりがみで大小のペンギンを折って、ごっこ遊びをしてみては？　たとえば、親ペンギンが「今日は何をして遊んだの?」、子ペンギンが「氷の上をすべって遊んだの」とか。想像をふくらませて会話することで、脳の活性化を促進することが期待できます。

できあがり

51

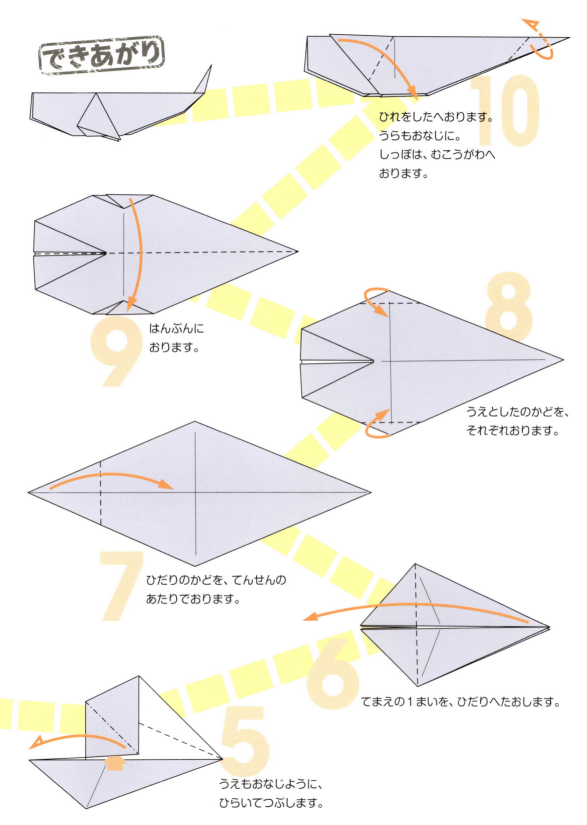

かわいいきもの
つばめ

はねもしっぽも、スリムでかっこいい！
スイーッとかぜをきるようにとびそう。
しっぽは、じょうずにはさみできって、つくってね。

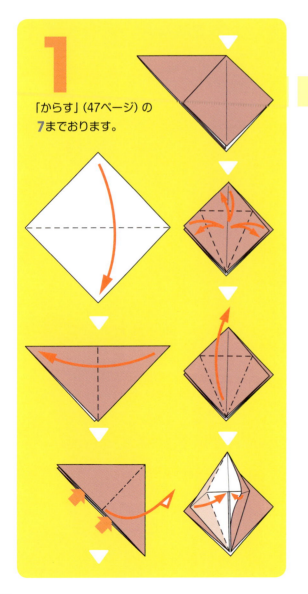

1 「からす」（47ページ）の **7** までおります。

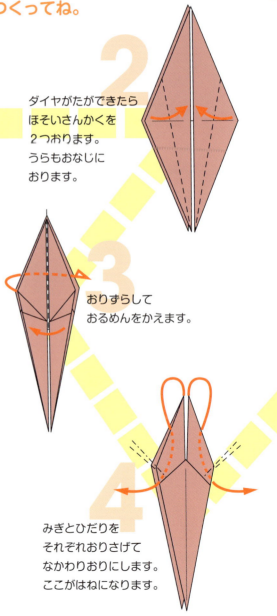

2 ダイヤがたができたらほそいさんかくを2つおります。うらもおなじにおります。

3 おりずらしておるめんをかえます。

4 みぎとひだりをそれぞれおりさげてなかわりおりにします。ここはねになります。

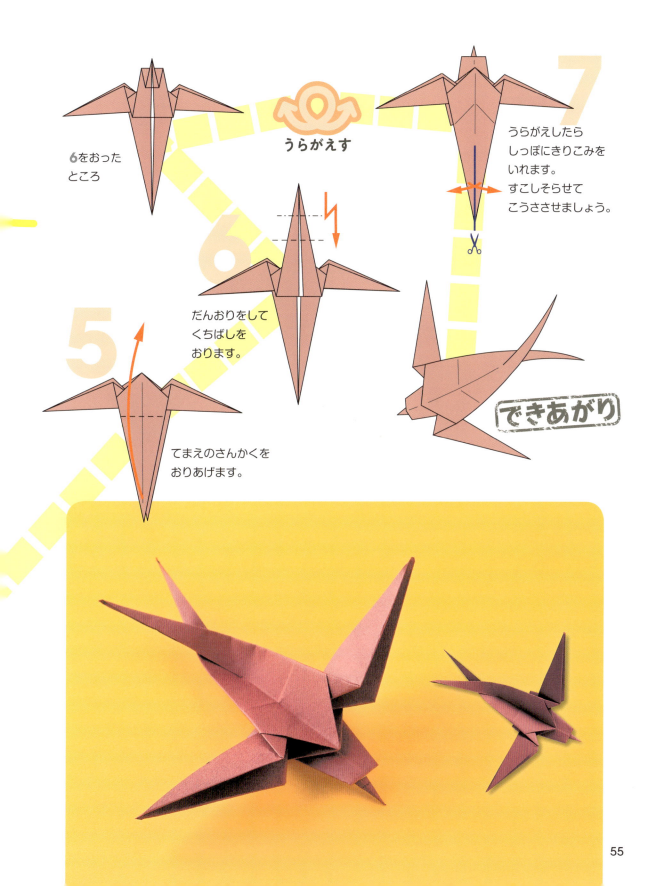

かわいいいきもの

うま

スクッとたったすがたが、りりしいね。
とってもはやくはしりそう。
しまもようのかみをつかえば、しまうまもおれるよ。

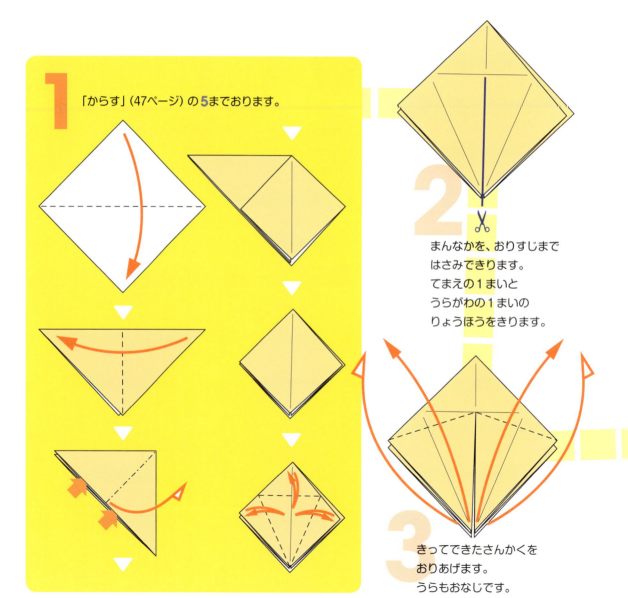

1 「からす」(47ページ) の **5** までおります。

2 まんなかを、おりすじまではさみできります。てまえの1まいとうらがわの1まいのりょうほうをきります。

3 きってできたさんかくをおりあげます。うらもおなじです。

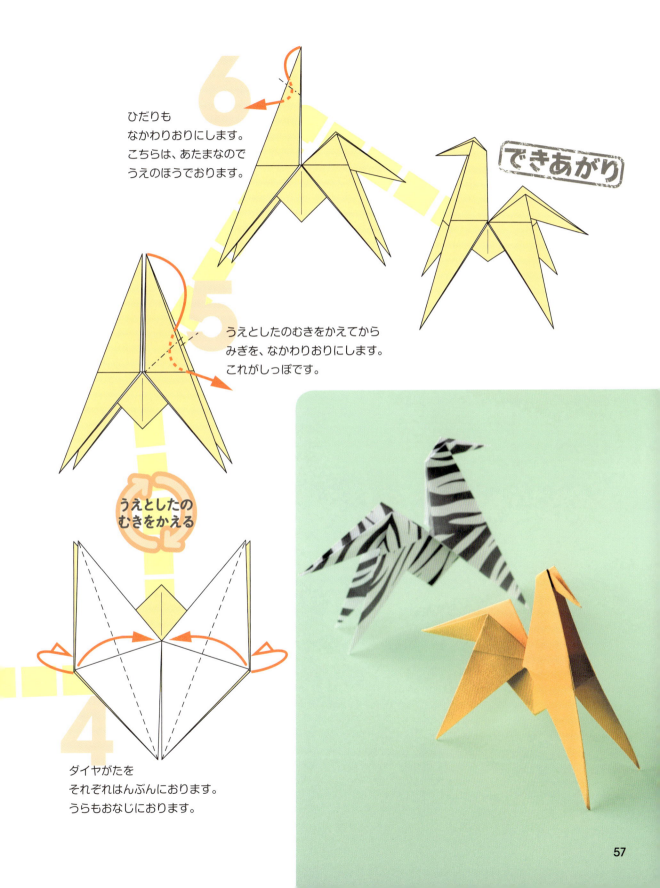

かわいいいきもの

らくだ

さばくをゆっくりとあるく、らくだ。
とくちょうは、せなかのコブ。
1つあるから、これは「ひとコブらくだ」だね。

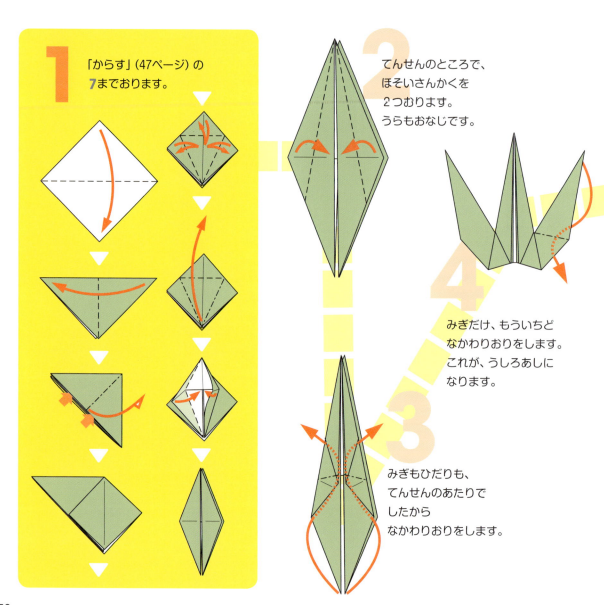

1 「からす」(47ページ)の 7 までおります。

2 てんせんのところで、ほそいさんかくを2つおります。うらもおなじです。

3 みぎもひだりも、てんせんのあたりでしたからなかわりおりをします。

4 みぎだけ、もういちどなかわりおりをします。これが、うしろあしになります。

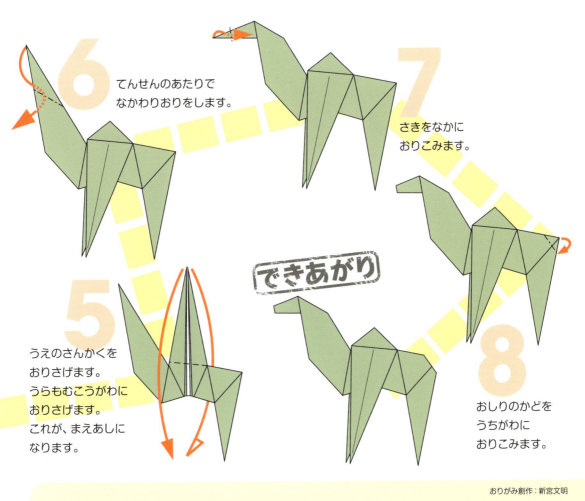

6 てんせんのあたりでなかわりおりをします。

7 さきをなかにおりこみます。

8 おしりのかどをうちがわにおりこみます。

5 うえのさんかくをおりさげます。うらもむこうがわにおりさげます。これが、まえあしになります。

できあがり

おりがみ創作：新宮文明

かわいいきもの

きつね

はやしのなかから、
ちょこんとかおをだしています。
ピンとたったみみが、かわいいですね。

1 はんぶんにおります。

2 よこはんぶんにおってもどし、おりすじをつけます。

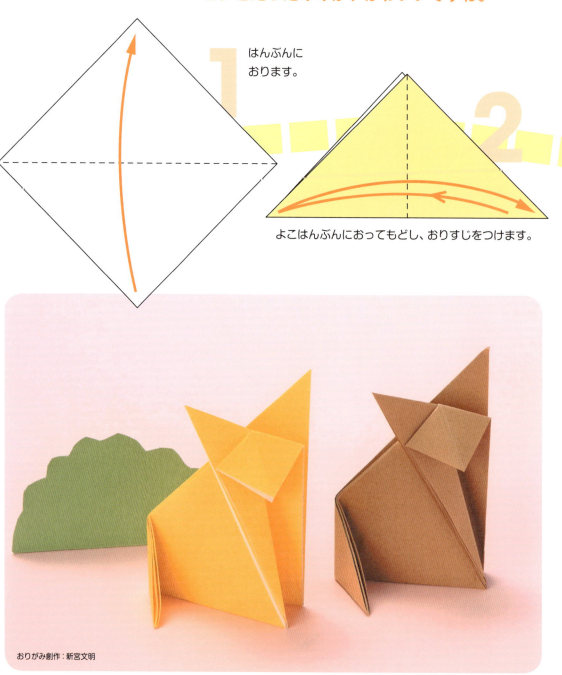

おりがみ創作：新宮文明

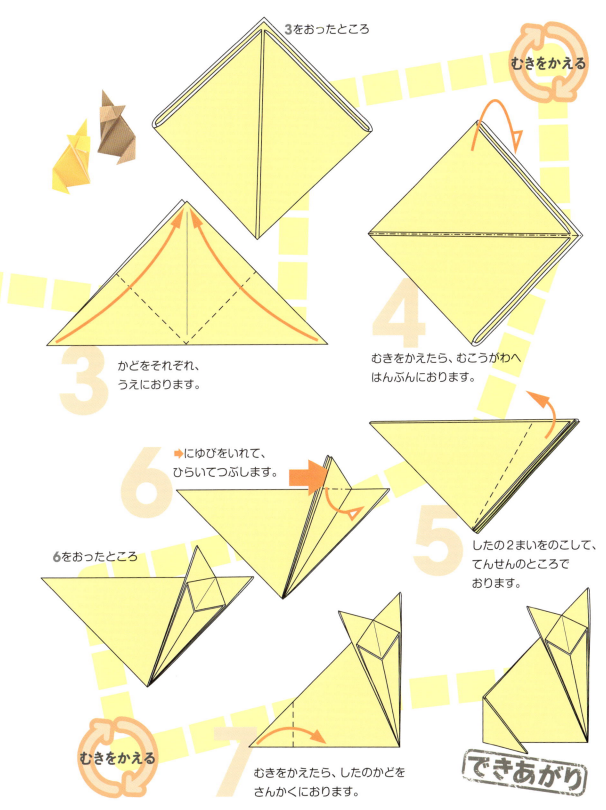

かわいいいきもの

ぞう

ジャングルのなかを、ゆっくりと さんぽするぞうのおやこ。 ながいはなが、かっこいいね。

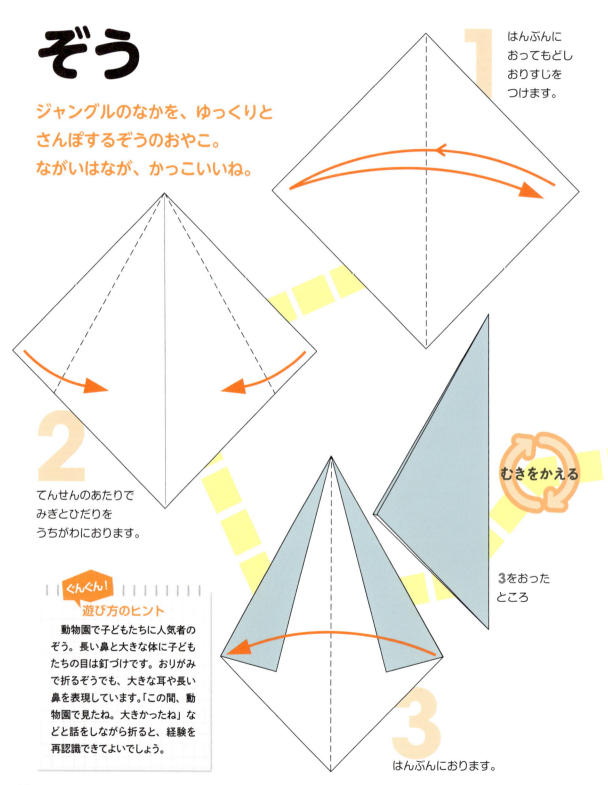

1 はんぶんにおってもどしおりすじをつけます。

2 てんせんのあたりでみぎとひだりをうちがわにおります。

むきをかえる

3をおったところ

3 はんぶんにおります。

ぐんぐん！
遊び方のヒント

　動物園で子どもたちに人気者のぞう。長い鼻と大きな体に子どもたちの目は釘づけです。おりがみで折るぞうでも、大きな耳や長い鼻を表現しています。「この間、動物園で見たね。大きかったね」などと話をしながら折ると、経験を再認識できてよいでしょう。

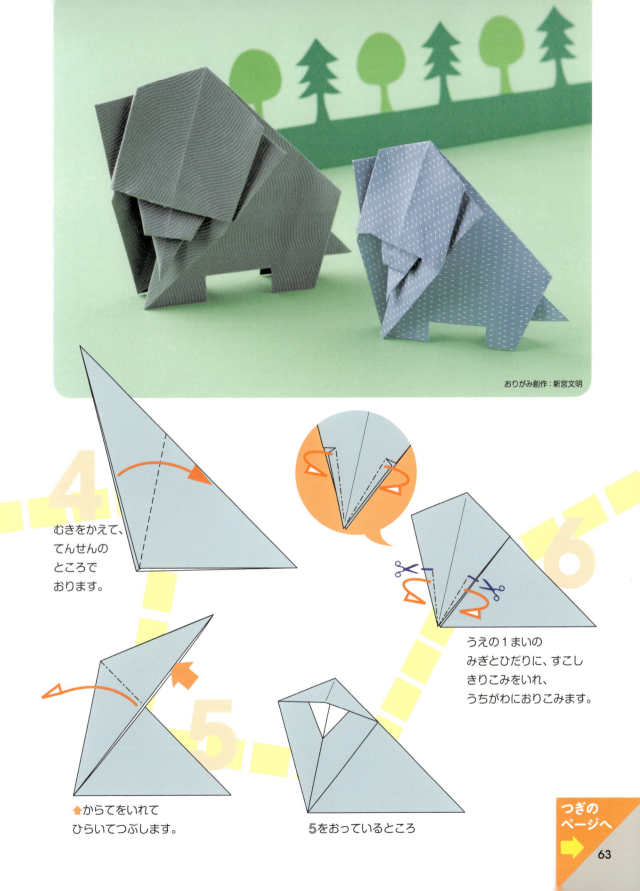

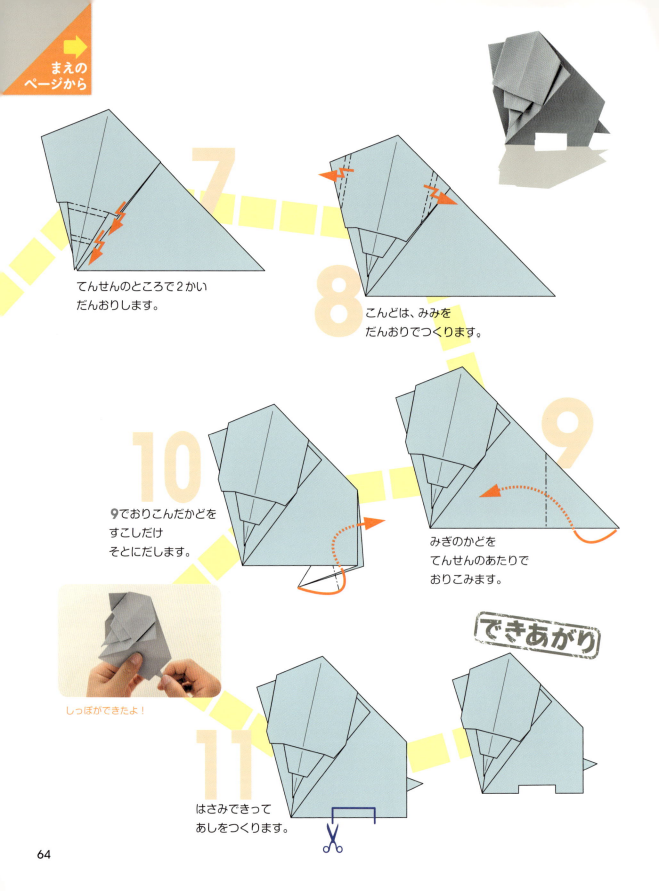

かわいいいきもの

きじ

スーッとのびた「おばね」が
かっこいいでしょ。
スタイルばつぐんのとりだね。

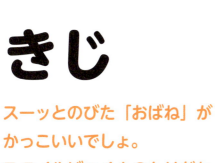

1 はんぶんにおってもどし、おりすじをつけます。

2 おりすじにあわせて うえとしたを さんかくにおります。

3 ひだりとみぎのかどを あわせて むこうがわにやまおりします。

4 かどをよこに ひきだすようにして ひらいてつぶします。

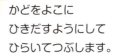
つぎのページへ

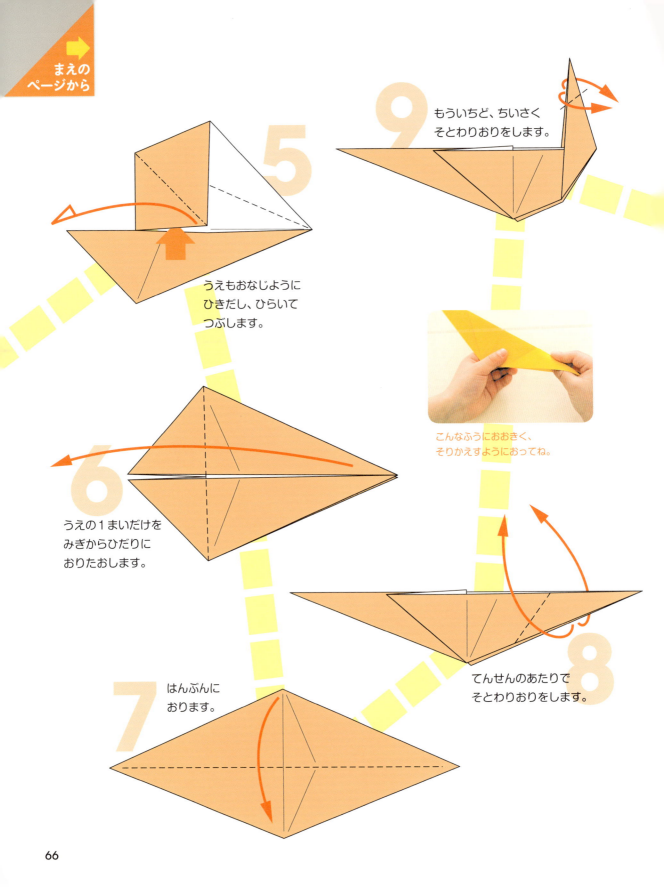

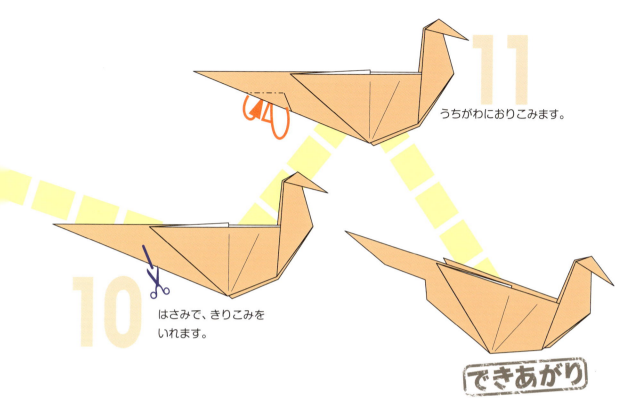

11 うちがわにおりこみます。

10 はさみで、きりこみをいれます。

できあがり

かわいいきもの

エイ

ひしがたのからだで、ゆったりおよぐエイ。
ひれのおりかたが、ちょっと
むずかしいけど、がんばってね。

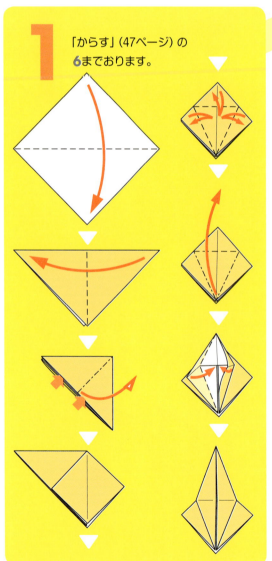

1 「からす」(47ページ) の6までおります。

うえとしたのむきをかえる

2 うえとしたのむきをかえたら、てまえのダイヤがたのりょうがわをほそくさんかくにおります。

3 うえの1まいだけ、みぎ・ひだりともさんかくにおりさげます。

4 てんせんのあたりでさんかくにおりあげます。

5 4でおったさんかくをはんぶんにおってもどし、おりすじをつけます。

ここが、ちょっとむずかしい。
ちいさくひらいてつぶすよ。

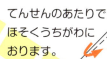

てんせんのあたりで
ほそくうちがわに
おります。

8 ぜんたいを、
たてはんぶんに
おります。

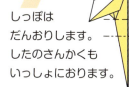

しっぽは
だんおりします。
したのさんかくも
いっしょにおります。

9 ひろげます。

6 ちいさなさんかくの
↑からゆびをいれて
ひらいてつぶします。

できあがり

しっぽをこんなふうに
ちょっとまげてね。

おりがみ創作：新宮文明

かわいいいきもの
うみがめ

おおきな「こうら」をせおったすがたが
うみがめらしいでしょ。
ちょっとちいさなかみでおれば
こどものうみがめもつくれるね。

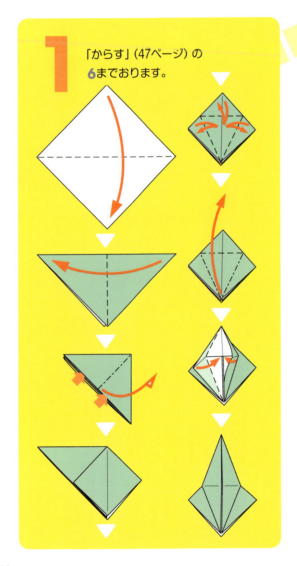

1 「からす」(47ページ) の **6**までおります。

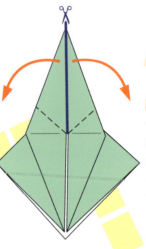

2 うえのさんかくを
まんなかまで
はさみできり、
りょうがわに
ひらきます。

3 まんなかのちいさな
さんかくを
だんおりします。

4 りょうがわのさきを
それぞれなかに
おりいれます。

ばった

かわいいいきもの

くさむらから、ピョーンととびだしてきたよ。
ちいさいばったもつくって、かさねたら
おんぶばったのできあがり。

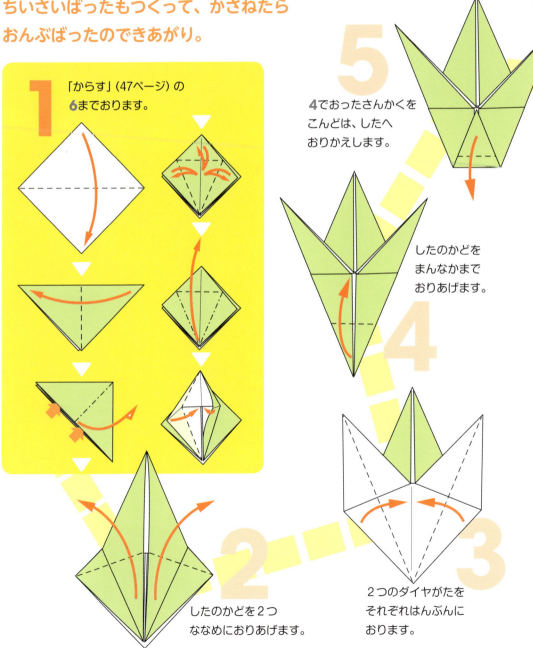

1 「からす」(47ページ)の6までおります。

2 したのかどを2つななめにおりあげます。

3 2つのダイヤがたをそれぞれはんぶんにおります。

4 したのかどをまんなかまでおりあげます。

5 4でおったさんかくをこんどは、したへおりかえします。

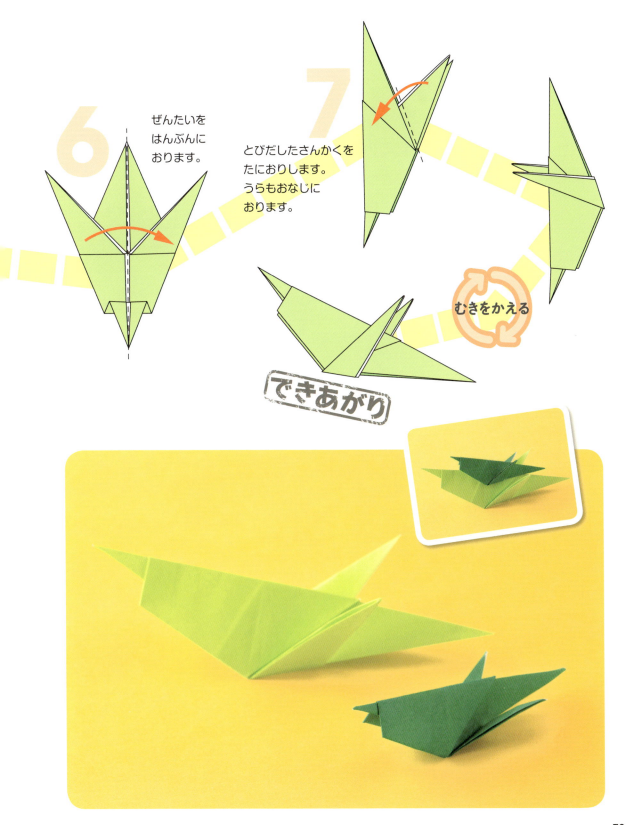

かわいいいきもの

かまきり

おおきな「かま」と、さんかくのかおが、まるでほんものみたい。
こまかいところも、しっかりおってね。

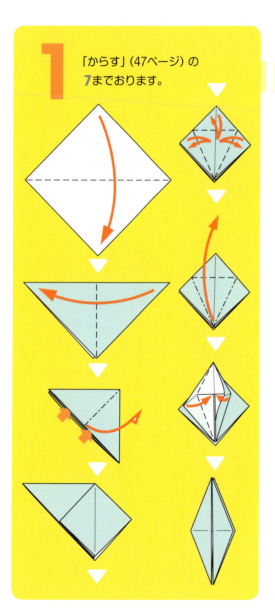

1 「からす」(47ページ)の**7**までおります。

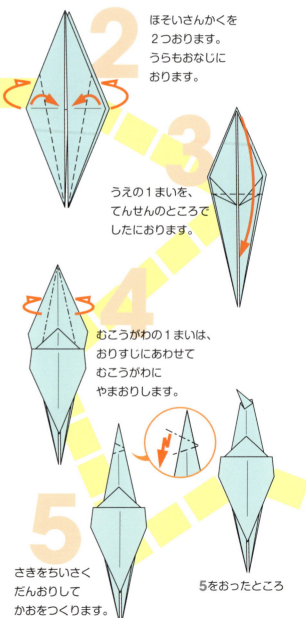

2 ほそいさんかくを2つおります。うらもおなじにおります。

3 うえの1まいを、てんせんのところでしたにおります。

4 むこうがわの1まいは、おりすじにあわせてむこうがわにやまおりします。

5 さきをちいさくだんおりしてかおをつくります。

5をおったところ

おりがみ創作：新宮文明

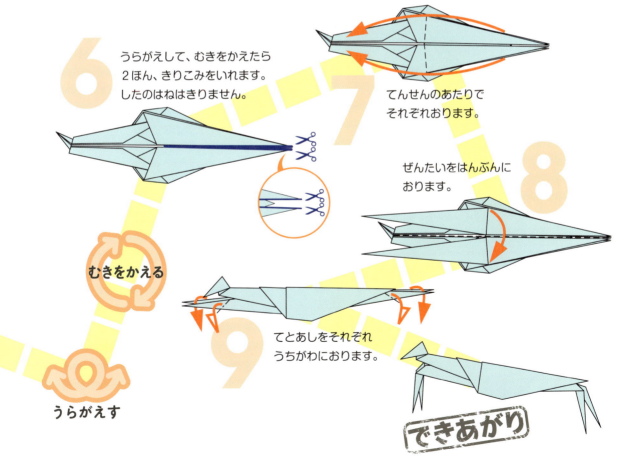

6 うらがえして、むきをかえたら2ほん、きりこみをいれます。したのはねはきりません。

7 てんせんのあたりでそれぞれおります。

8 ぜんたいをはんぶんにおります。

9 てとあしをそれぞれうちがわにおります。

むきをかえる

うらがえす

できあがり

かわいいいきもの
ざりがに

おおきなはさみをもった、
さんかくあたまのざりがにだよ。
とんがったところも、がんばっておりましょう。

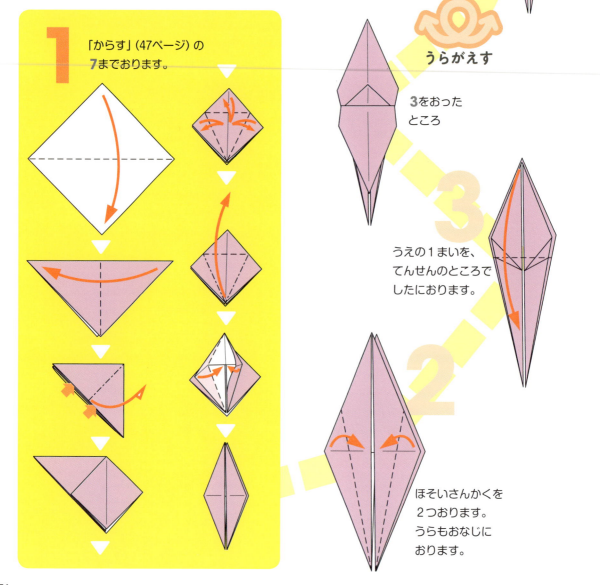

1 「からす」(47ページ) の **7**までおります。

2 ほそいさんかくを2つおります。うらもおなじにおります。

3 うえの1まいを、てんせんのところでしたにおります。

3をおったところ

うらがえす

4 うらがえしたら、→ にゆびをいれてひろげるようにひらきます。

かわいいいきもの
とんぼ

おおぞらをじゆうに、スーイスーイととんでいるね。
なにいろのとんぼをおろうかな。

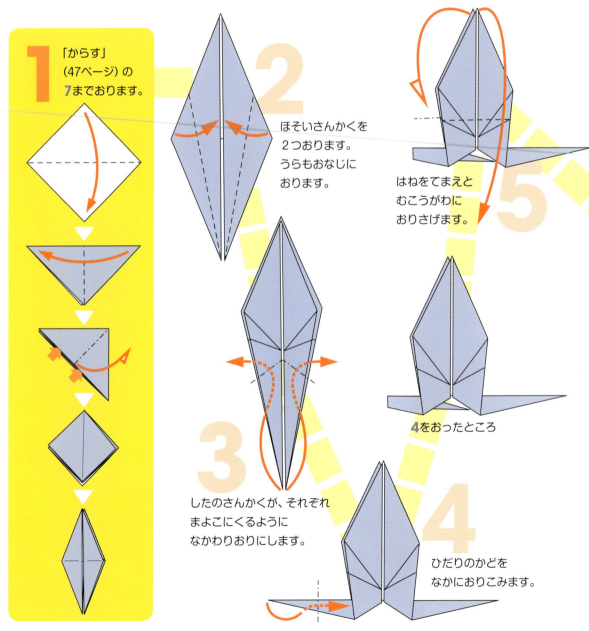

1 「からす」(47ページ)の**7**までおります。

2 ほそいさんかくを2つおります。うらもおなじにおります。

3 したのさんかくが、それぞれまよこにくるようになかわりおりにします。

4 ひだりのかどをなかにおりこみます。

4をおったところ

5 はねをてまえとむこうがわにおりさげます。

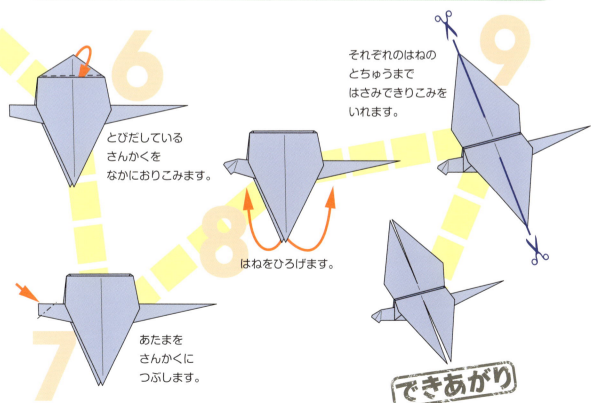

6 とびだしているさんかくをなかにおりこみます。

7 あたまをさんかくにつぶします。

8 はねをひろげます。

9 それぞれのはねのとちゅうまではさみできりこみをいれます。

できあがり

かわいいいきもの
かたつむり

ゆっくり、ゆっくりうごきそうな、かたつむりのおやこです。
ツノがとっても、かわいいでしょ。

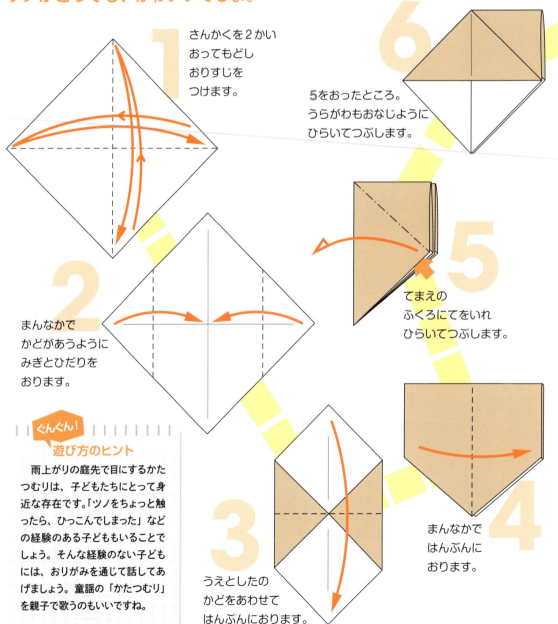

1 さんかくを2かいおってもどしおりすじをつけます。

2 まんなかでかどがあうようにみぎとひだりをおります。

3 うえとしたのかどをあわせてはんぶんにおります。

4 まんなかではんぶんにおります。

5 てまえのふくろにてをいれひらいてつぶします。

6 5をおったところ。うらがわもおなじようにひらいてつぶします。

ぐんぐん！
遊び方のヒント

雨上がりの庭先で目にするかたつむりは、子どもたちにとって身近な存在です。「ツノをちょっと触ったら、ひっこんでしまった」などの経験のある子どももいることでしょう。そんな経験のない子どもには、おりがみを通じて話してあげましょう。童謡の「かたつむり」を親子で歌うのもいいですね。

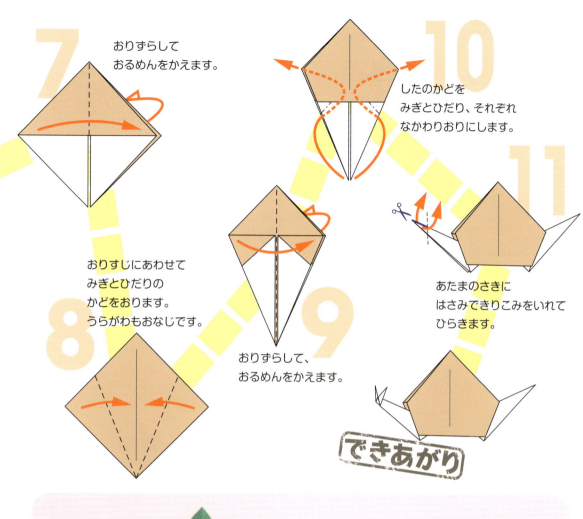

7 おりずらしておるめんをかえます。

8 おりすじにあわせてみぎとひだりのかどをおります。うらがわもおなじです。

9 おりずらして、おるめんをかえます。

10 したのかどをみぎとひだり、それぞれなかわりおりにします。

11 あたまのさきにはさみできりこみをいれてひらきます。

できあがり

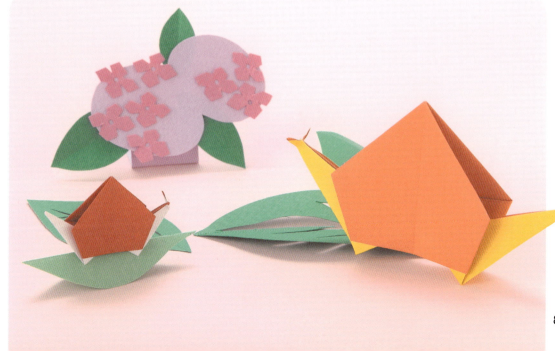

かわいいいきもの
くわがた

おおきなツノが、りりしいくわがただよ。
いっぱいつくって、ならべれば
こんちゅうのずかんみたいだね。

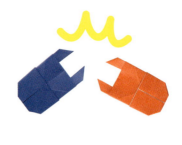

1 たて・よこに
しかくをおって、
おりすじを2つつけます。

2 おりすじにあわせて
みぎとひだりを
ながしかくにおります。

3 よこのおりすじに
あわせて
うえをおります。

4 ななめに2かい
おってもどし、
おりすじをつけます。

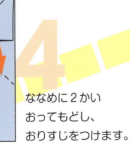

5 いちど、このかたちまで
もどしましょう。
〇のかどを、つまみだす
ようにして
そとむきにひらきます。

6 りょうがわのかどを
ななめにおりあげます。
ここが、ツノになります。

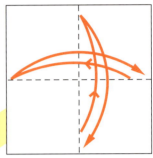

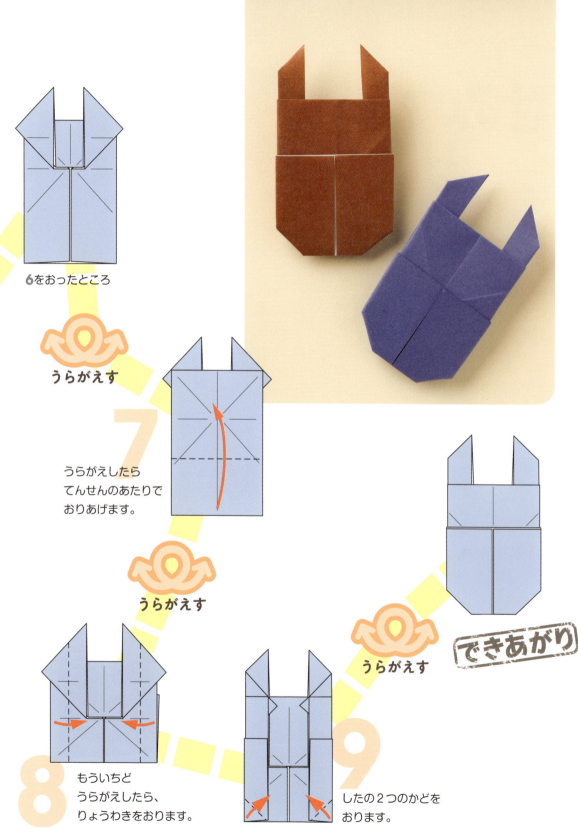

6をおったところ

うらがえす

7 うらがえしたら
てんせんのあたりで
おりあげます。

うらがえす

8 もういちど
うらがえしたら、
りょうわきをおります。

9 したの2つのかどを
おります。

うらがえす

できあがり

かわいいきもの

せみ

ミンミンぜみかな？　あぶらぜみかな？
それとも、ツクツクボウシ？
いろいろなせみを、おりましょう。

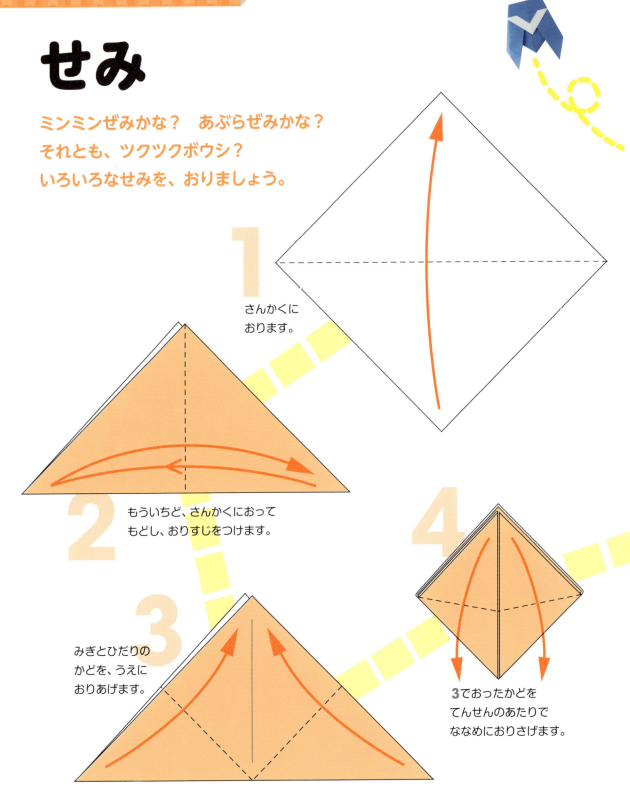

1 さんかくにおります。

2 もういちど、さんかくにおってもどし、おりすじをつけます。

3 みぎとひだりのかどを、うえにおりあげます。

4 3でおったかどをてんせんのあたりでななめにおりさげます。

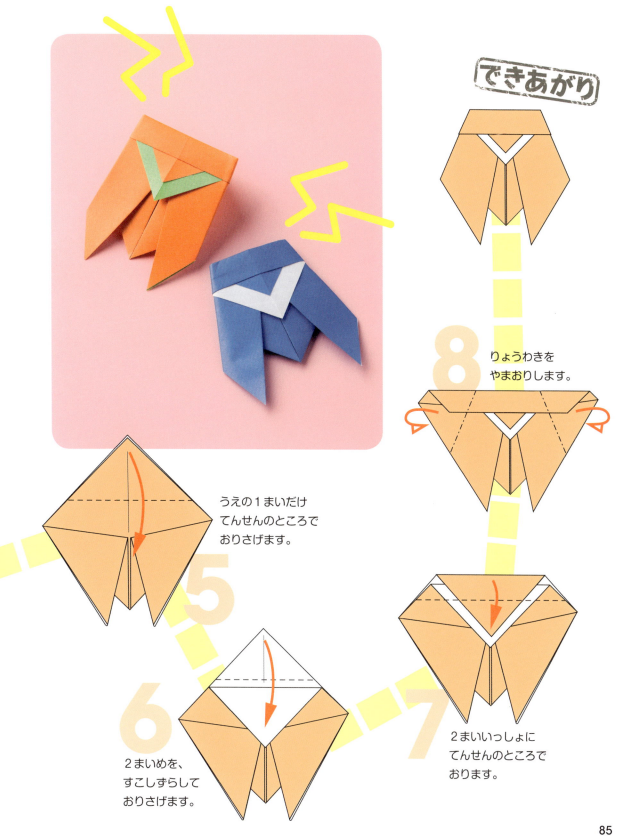

かわいいいきもの
ゴリラ

ウッホ、ウッホというこえが
きこえてきそう。
ジャングルのおうじゃに
つよそうなかおをかいてね。

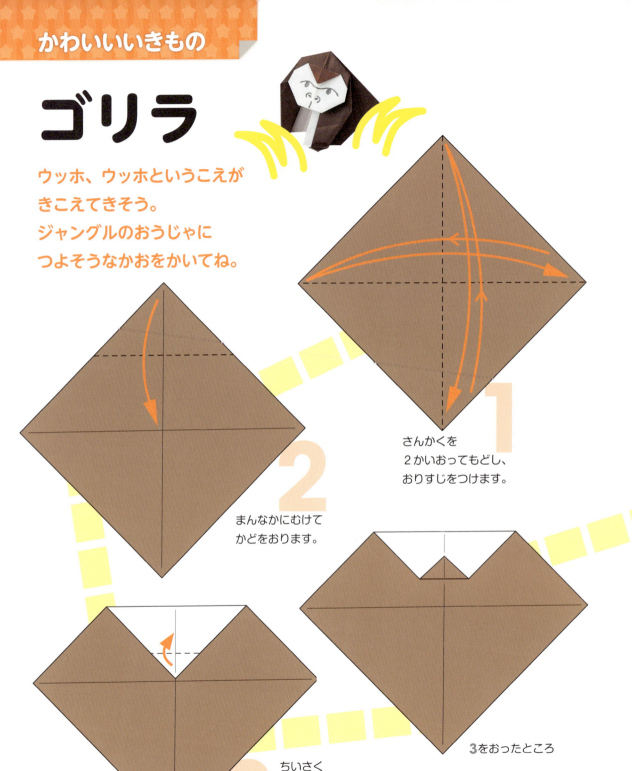

1 さんかくを
2かいおってもどし、
おりすじをつけます。

2 まんなかにむけて
かどをおります。

3 ちいさく
さんかくをおります。

3をおったところ

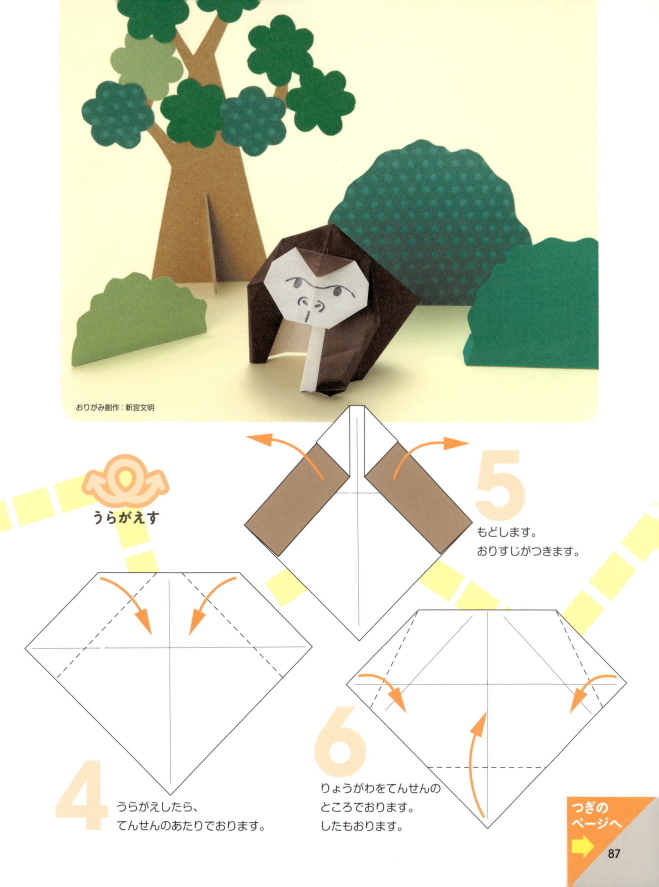

うらがえす

5 もどします。
おりすじがつきます。

4 うらがえしたら、
てんせんのあたりでおります。

6 りょうがわをてんせんの
ところでおります。
したもおります。

つぎの
ページへ

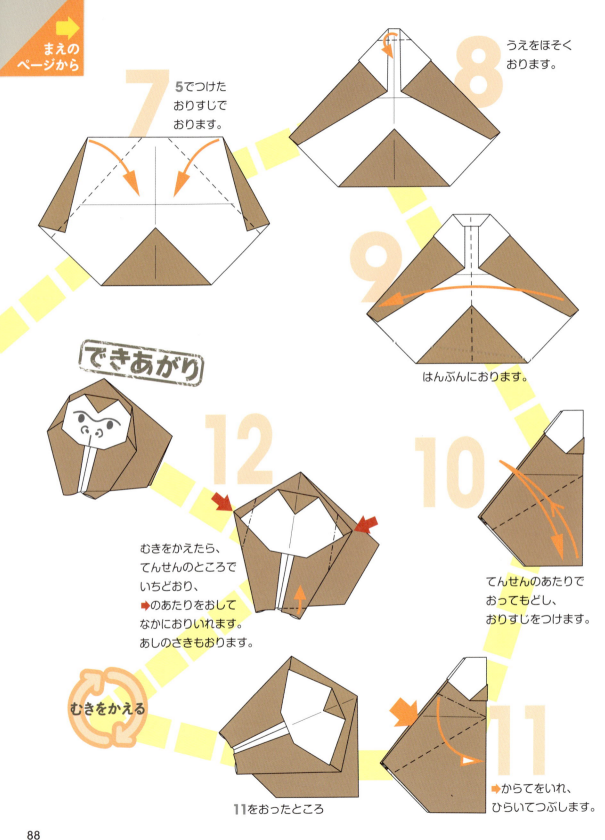

3 きょだいきょうりゅう

びっくり、だいこうふん！

ぜつめつしてしまった、きょうりゅうたちは
いまでも、みんなのにんきもの。
こんなおりがみがおれたら、こんどは、
きみがにんきものになっちゃうかも。

がオオオオオオオ

おりがみ創作：新宮文明

きょだいきょうりゅう
ブラキオサウルス

ながいくびを、スッとのばしたすがたが、かっこいいでしょ。
たかいきの、はっぱをたべていたのかな。

1 さんかくにおってもどし おりすじをつけます。

2 2つのかどを、おりすじに あうように、おります。

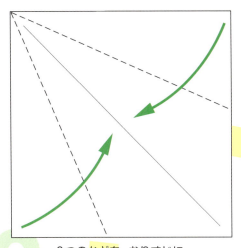

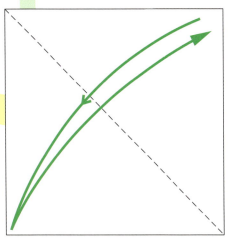

3 はんぶんにおります。

4 てんせんのあたりで そとわりおりをします。

そとわりおりは12ページをみてね。
こんなふうにひっくりかえそう。

つぎのページへ

91

まえのページから

5 もういちど、はんたいむきにそとわりおりをします。

6 さんかくのさきをうちがわにおりこみます。

7 したのさんかくをうちがわにおりこみます。

8 7でおりこんださんかくのさきを、すこしだけそとにだします。

9 せなかにはさみできりこみをいれ、うちがわにおりこみます。

10 はさみできってあしをつくります。

ぐんぐん！ 遊び方のヒント

博物館で開催される「恐竜展」は、いつでも大人気。なかには大人顔負けに、恐竜の名前をたくさん覚えている男の子もいるとか。博物館以外でも、図鑑で恐竜を見るのもおすすめ。親子で恐竜のおりがみをしながら図鑑と見比べたりして、恐竜の魅力を語り合ってみては？

できあがり

きょだいきょうりゅう
デイノニクス

2ほんのあしで、ジャンプするようにあるくきょうりゅうだよ。
たくさん、なかまをおってみましょう。

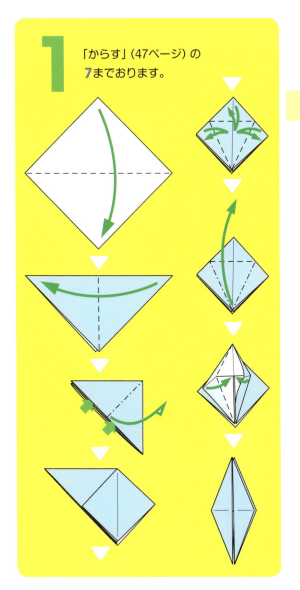

1 「からす」（47ページ）の **7**までおります。

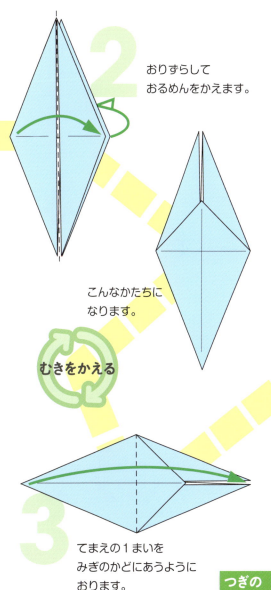

2 おりずらしておるめんをかえます。

こんなかたちになります。

むきをかえる

3 てまえの1まいをみぎのかどにあうようにおります。

つぎのページへ

93

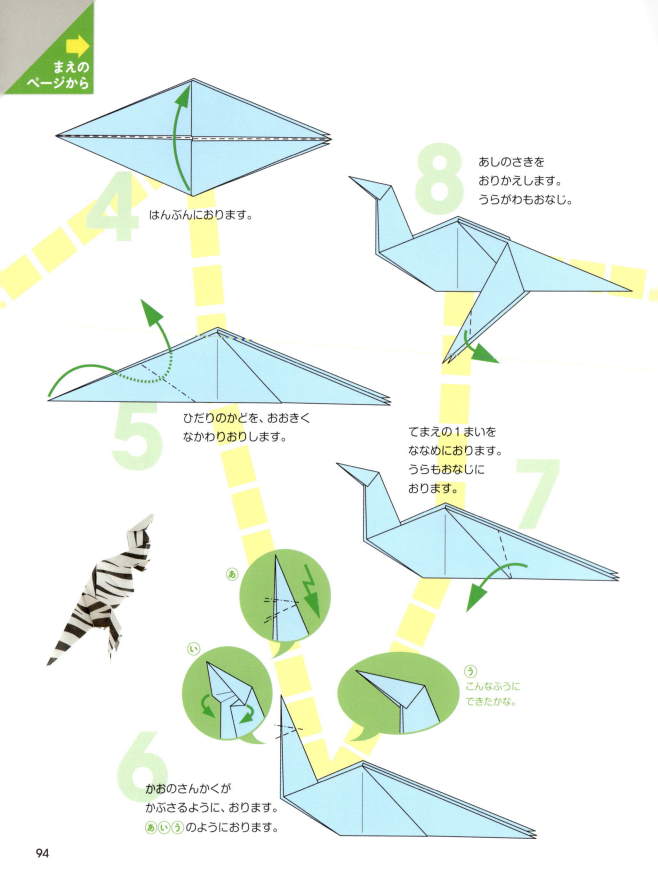

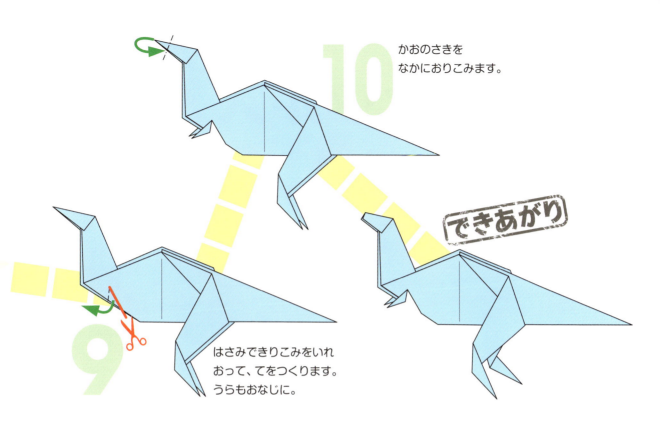

かおのさきを
なかにおりこみます。

はさみできりこみをいれ
おって、てをつくります。
うらもおなじに。

おりがみ創作：新宮文明

きょだいきょうりゅう
アパトサウルス

おおきなからだのきょうりゅう。おりがみを3まい、つかっております。
あたまとからだ、しっぽをそれぞれおってから、がったいさせましょう。

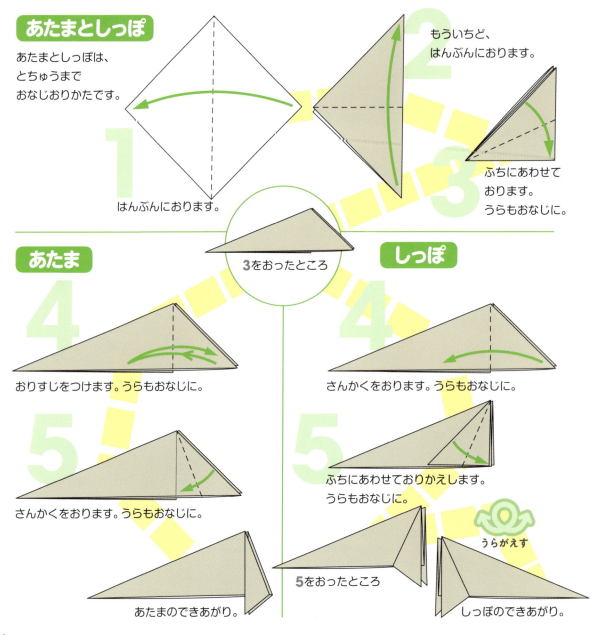

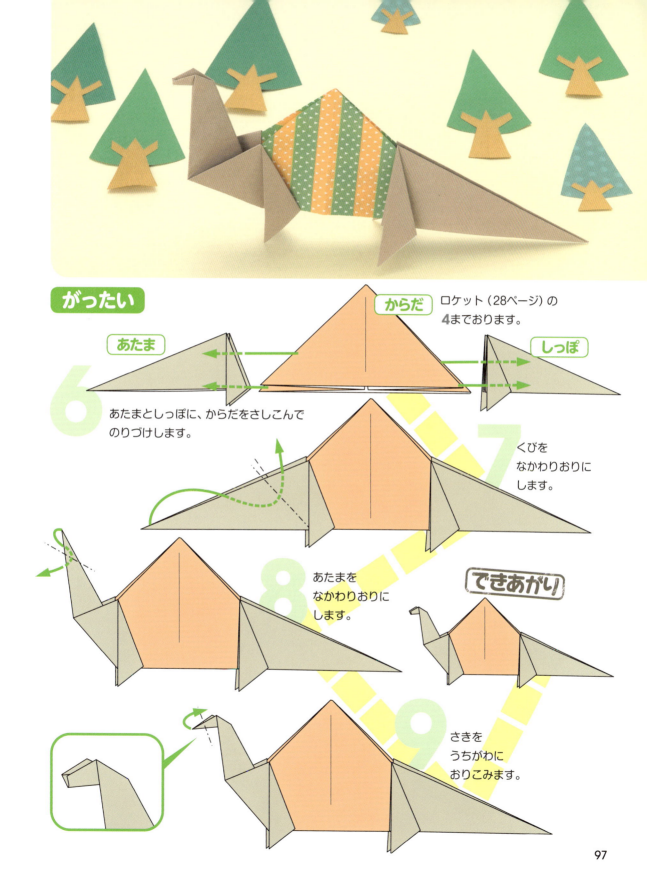

ステゴサウルス

きょだいきょうりゅう

がっしりしたからだと、せなかのトゲトゲがかっこいい。
もようのかみとすきないろのかみを、くみあわせておりましょう。

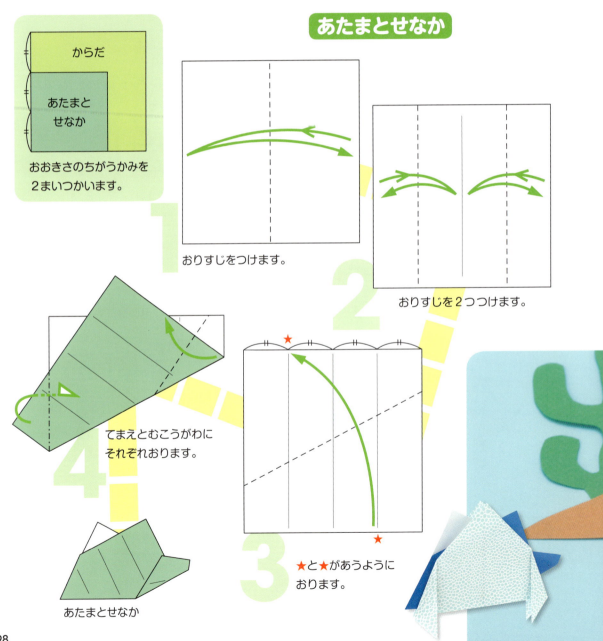

あたまとせなか

おおきさのちがうかみを2まいつかいます。

1. おりすじをつけます。
2. おりすじを2つつけます。
3. ★と★があうようにおります。
4. てまえとむこうがわにそれぞれおります。

あたまとせなか

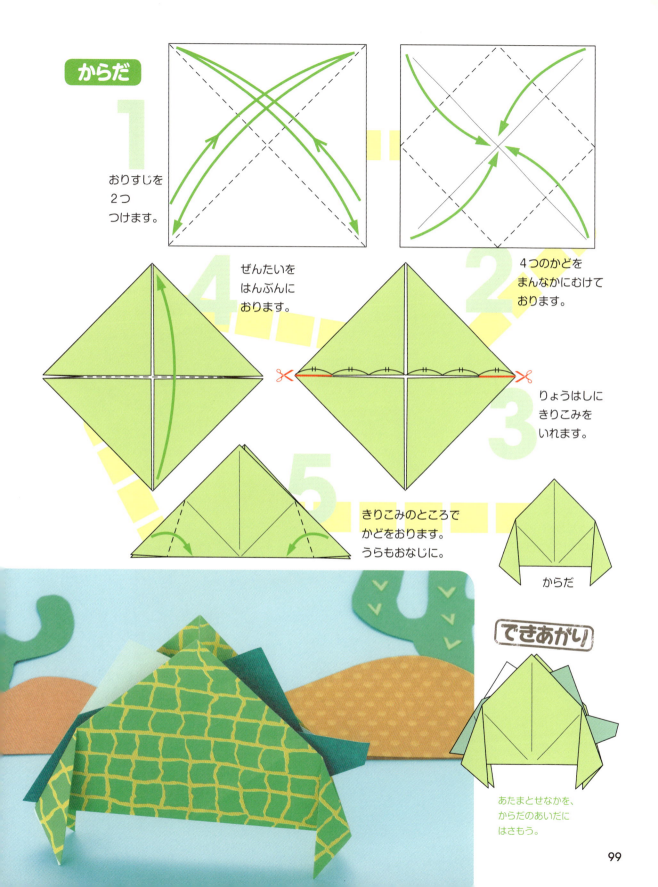

きょだいきょうりゅう
ティラノサウルス

みんながよくしっている、きょうりゅうだね。
すごくつよそうな、おおきなしっぽと
ふといあし。もようのかみで、おってみてね。

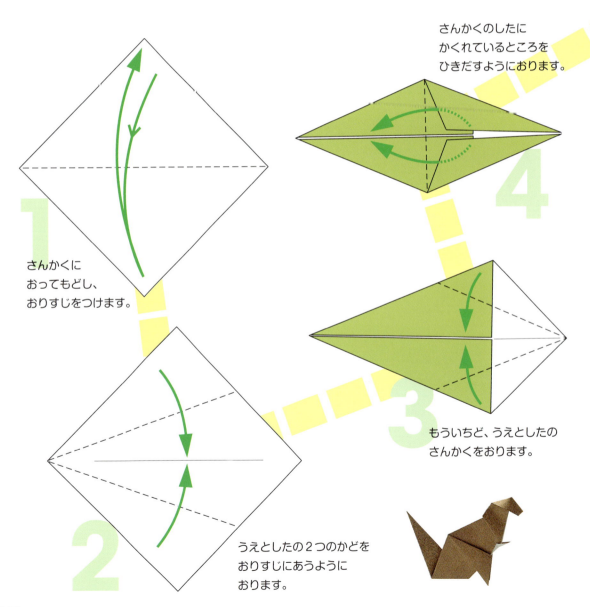

1 さんかくにおってもどし、おりすじをつけます。

2 うえとしたの2つのかどをおりすじにあうようにおります。

3 もういちど、うえとしたのさんかくをおります。

4 さんかくのしたにかくれているところをひきだすようにおります。

4をおって
いるところ

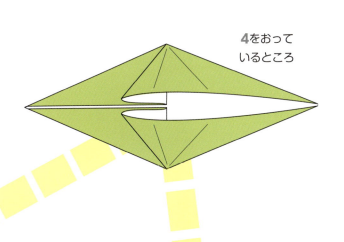

こんなふうに
かぶせるように、おってね。
おりかたは94ページの**6**をみてね。

むこうがわに、はんぶんに
おります。

5

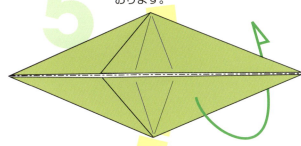

むきをかえたら、
やまおりとたにおりをします。
うらもおなじにおって
さんかくをうえからかぶせます。

8

みぎのかどを、おおきく
なかわりおりします。

6

むきをかえる

おりすじのところで
さんかくをおりかえします。
うらがわも、おなじにおります。

7

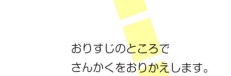

7をおったところ

つぎの
ページへ

101

まえのページから

9 てんせんのところでそとわりおりをします。

10 かおのさきをなかにおりこみます。

11 てまえの1まいにきりこみをいれおって、てをつくります。うらもおなじに。

できあがり

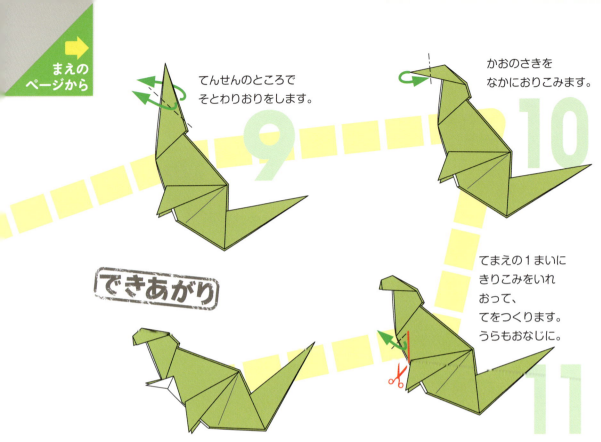

おりがみ創作：新宮文明

きょだいきょうりゅう
プレシオサウルス

およぐのが、とってもとくいだったきょうりゅう。
おおきなひれを、ボートのオールみたいにつかって
スーイスーイとおよいだのかな。

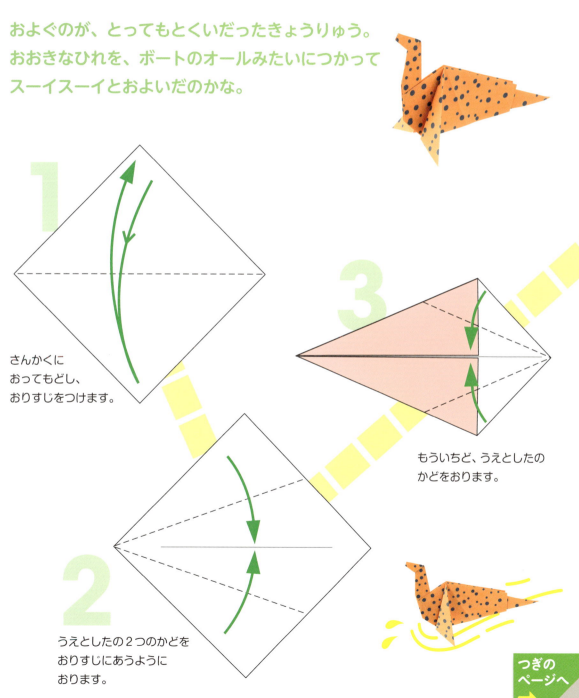

1 さんかくに
おってもどし、
おりすじをつけます。

2 うえとしたの２つのかどを
おりすじにあうように
おります。

3 もういちど、うえとしたの
かどをおります。

つぎの
ページへ

103

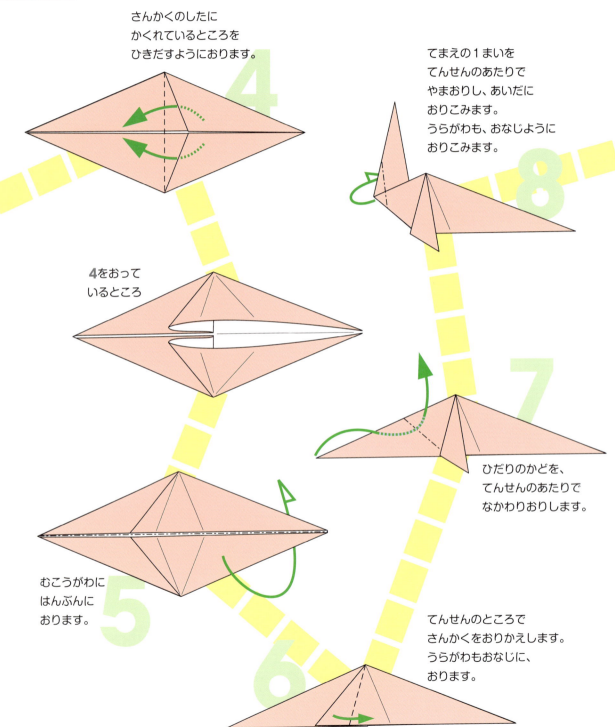

きょだいきょうりゅう
セイスモサウルス

くびと「お」が、とってもながいよ。
スリムでかっこいいね。
ほそくおるのが、ちょっとむずかしいけど、がんばってね。

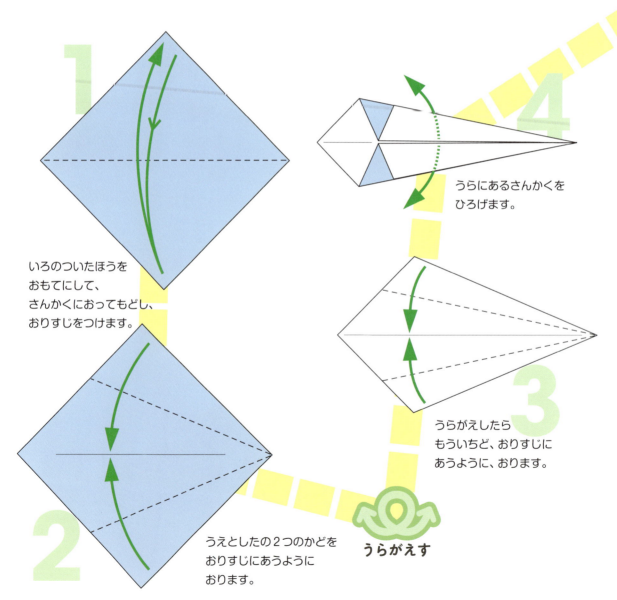

1 いろのついたほうをおもてにして、さんかくにおってもどし、おりすじをつけます。

2 うえとしたの2つのかどをおりすじにあうようにおります。

うらがえす

3 うらがえしたらもういちど、おりすじにあうように、おります。

4 うらにあるさんかくをひろげます。

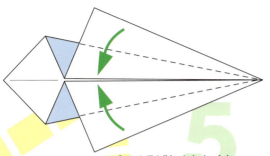

5 4でひろげたさんかくを
てんせんのところで
おります。

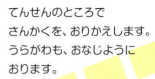

10 てんせんのところで
さんかくを、おりかえします。
うらがわも、おなじように
おります。

9 むこうがわに、はんぶんに
おります。

6 ➡からゆびをいれて
ひらいてつぶします。

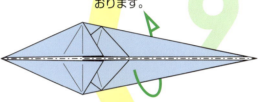

ひらいてつぶしているところ。

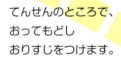

7 てんせんのところで、
おってもどし
おりすじをつけます。

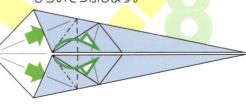

8 もういちど6のように
➡からゆびをいれて
ひらいてつぶします。

つぎの
ページへ

107

まえの
ページから

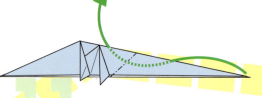

11 みぎのかどを
おおきく
なかわりおりします。

おりかたは
94ページの**6**を
みてね。

12

こんなふうにできたかな。
かおのさんかくが
かぶさるように、おります。

くびはギュッとおってね。

13 かおのさきを
なかにおりこみます。

できあがり

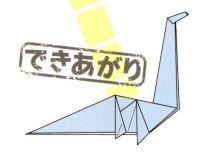

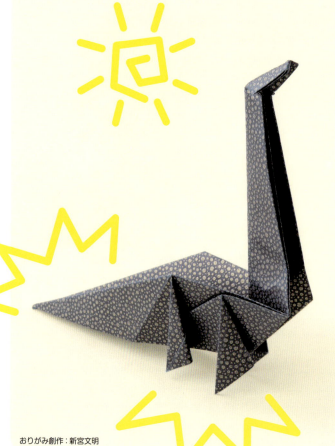

おりがみ創作：新宮文明

4 つくって、うごかして みんなであそぼう!

つくったおりがみで、あそぼう。
おともだちと、たいせんしたり、なかよく「つり」をしたり。
みんなが、えがおになっちゃうね。

ぴょんぴょんがえると おたまじゃくし

いけのなかで、かえるとおたまじゃくしが
おしゃべりしているみたい。
なにしてあそぶか、そうだんしているのかな。

みんなであそぼう！
ぴょんぴょんがえる

1 はんぶんにおります。

2 ななめに2かいと よこに1かい、 てんせんのように おってもどし、 おりすじをつけます。 そのあとで、○と○、 ◎と◎がむかいあうように おりたたみます。

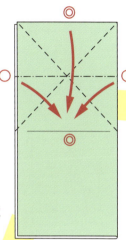

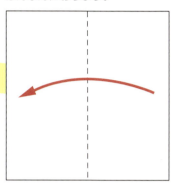

こんなふうに、おりたたんでね。

5 したのしかくだけに、 おりすじをつけます。

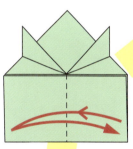

3 さんかくの2つのかどを うえにおります。 これが、まえあしに なります。

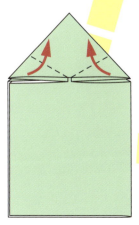

4 しかくを はんぶんに おります。

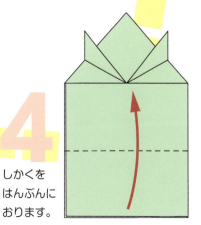

つぎの ページへ

111

6 おりすじにあわせてりょうがわをおります。このとき、まえあしをおらないように、きをつけて。

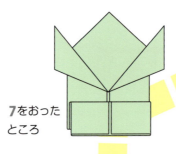

7をおったところ

うらがえす

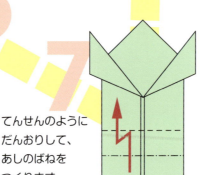

7 てんせんのようにだんおりして、あしのばねをつくります。

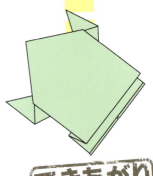

できあがり

ピョンピョーンとばして、あそぼう！

ぴょんぴょんがえるのおしりを、うえからゆびではじくと、ピョーンとジャンプするよ。

ピョ〜ン

ぐんぐん！
遊び方のヒント

この「ぴょんぴょんがえる」は、指先でお尻をはじくと、バネ仕掛けのようにピョンとはねる動きをします。どこをどんなふうにはじくとはねるのか、考えるよう促しましょう。また、男の子は対戦ゲームが大好き。親子やお友だちといっしょに飛距離や高さを競争してみるのもいいでしょう。

いくよ〜

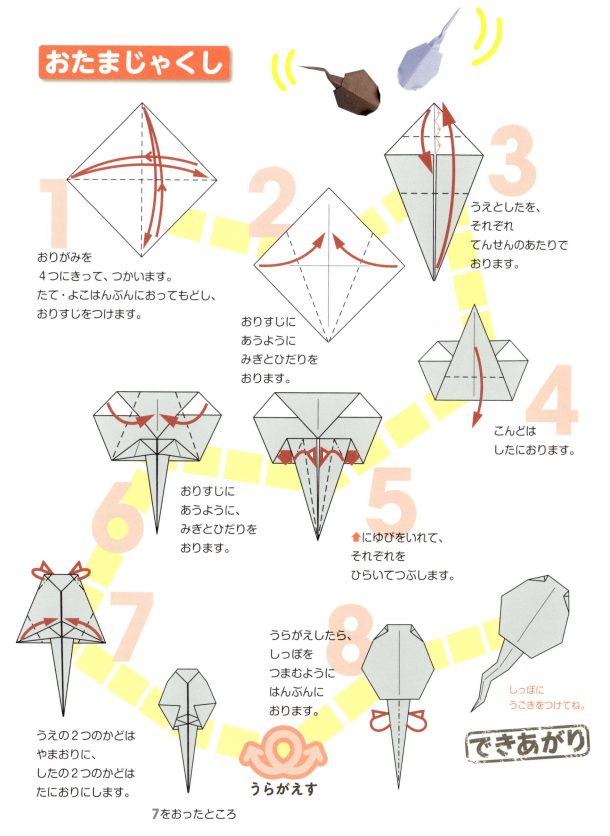

たこ

8ぽんのあしが、ニョロニョロと
うごきだしそうでしょ。
できあがったら、かおをかいてもたのしいね。

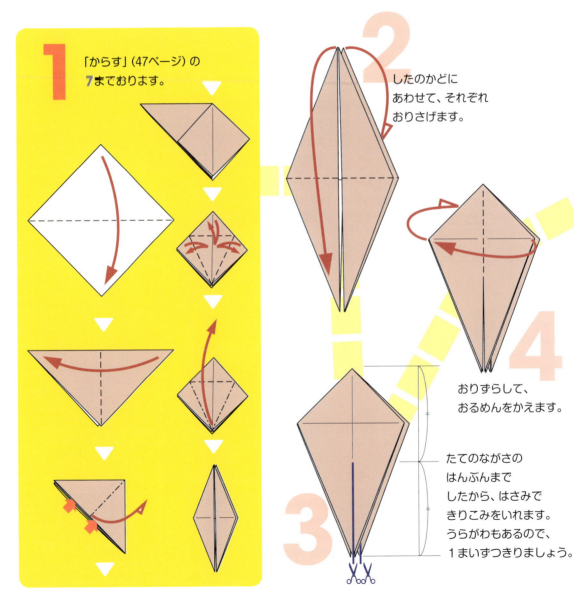

1. 「からす」(47ページ)の7までおります。

2. したのかどにあわせて、それぞれおりさげます。

3. たてのながさのはんぶんまでしたから、はさみできりこみをいれます。うらがわもあるので、1まいずつきりましょう。

4. おりずらして、おるめんをかえます。

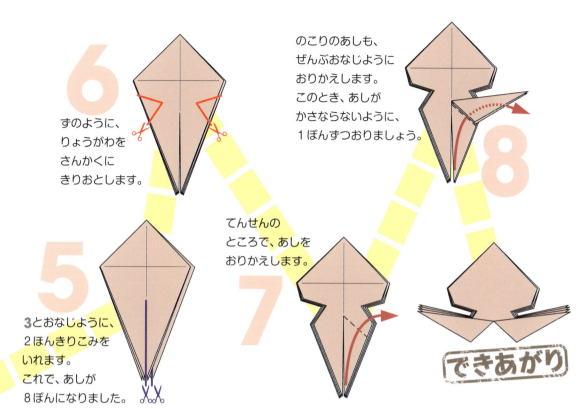

5 3とおなじように、2ほんきりこみをいれます。これで、あしが8ぽんになりました。

6 ずのように、りょうがわをさんかくにきりおとします。

7 てんせんのところで、あしをおりかえします。

8 のこりのあしも、ぜんぶおなじようにおりかえします。このとき、あしがかさならないように、1ぽんずつおりましょう。

できあがり

みんなであそぼう！

いか

さんかくのあたまに、さんかくのぼうしを
かぶっているみたいだね。
いろいろなおおきさの、いかをつくってみてね。

1 さんかくにおります。

2 よこはんぶんにおっておりすじをつけてから、みぎとひだりのかどをおりあげます。

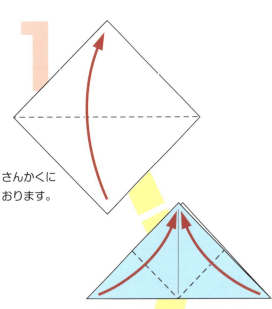

3 みぎとひだりのかどをまんなかにむけております。

4 したのさんかくをてんせんのところでおります。

5 さんかくをひろげて、**3**のかたちまでもどします。

6 ➡からてをいれて、うえのかどをしたまでおろし、ひらいてつぶします。

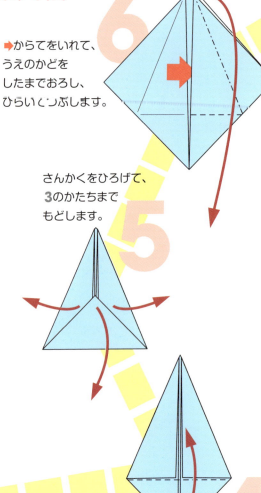

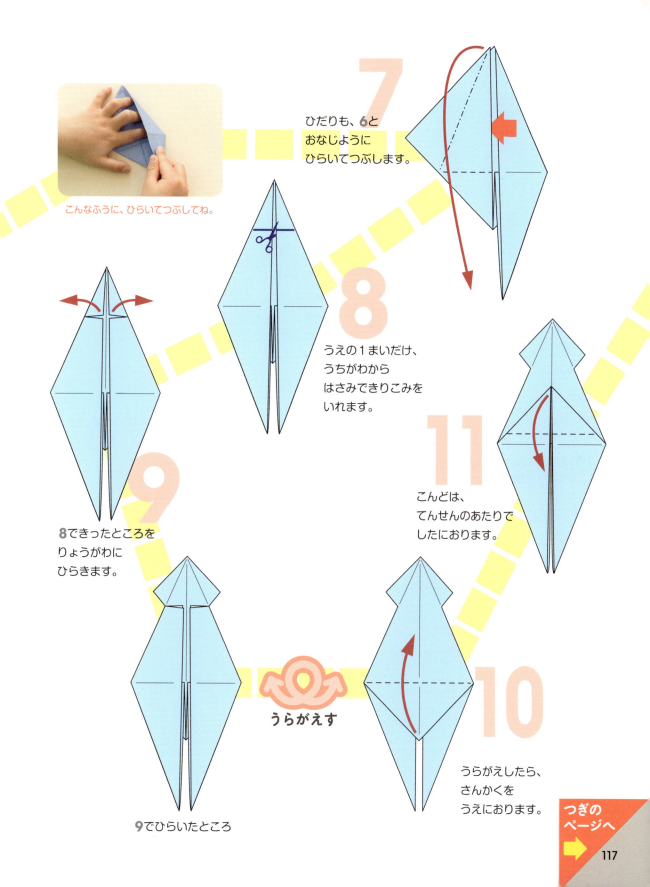

まえの
ページから

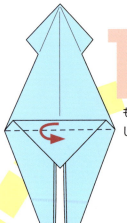

12 もういちど、したにほそくおります。

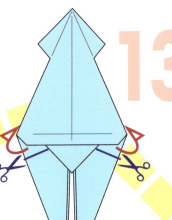

13 りょうがわに
はさみできりこみをいれ、
きったところを
むこうがわにおります。

14 はさみで
きりこみをいれて、
あしをつくります。

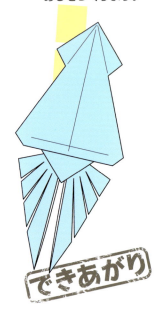

できあがり

みんなであそぼう！
かみでっぽう

うえからふりおろすと、パンッとおおきなおとがでるよ。
チラシやほうそうしみたいな、おおきなかみでおってね。

1 ながしかくのかみを
はんぶんにおります。

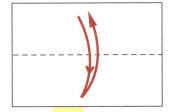

2 4つのかどを、おりすじに
あわせております。

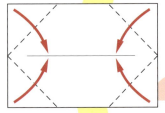

3 はんぶんにおります。

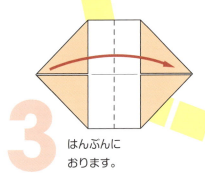

4 こんどは、たてはんぶんにおります。

5 ふくろのなかにてをいれてひらいてつぶすようにおります。

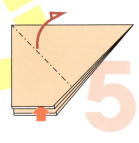

6 5をおったところ。うらのふくろも、おなじようにひらいてつぶします。

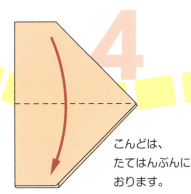

7 てまえの1まいを、したにおります。うらの1まいは、むこうがわにおります。

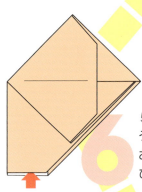

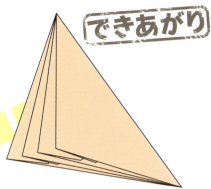

できあがり

★のところをもって、あそぼう！

パンッとならしてあそぼう！

いきおいよく、ふりおろしてね。
ふくろがひらいて、おおきなおとがします。
ひらいたふくろを、またたためば、くりかえしあそべます。

せーの　　パンッ！

みんなであそぼう！

ふきごま

6まいのおりがみを、くみあわせてつくります。
いきをふきかけると、くるくるまわるよ。
じょうずにまわせるかな？

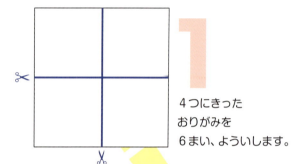

1 4つにきった
おりがみを
6まい、よういします。

2 はんぶんにおります。

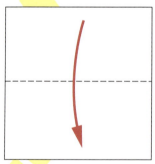

3 もういちど、はんぶんにおります。

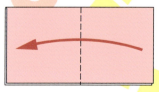

しかくのふくろに、てをいれて
さんかくにひらいて、つぶします。
うらもおなじに、おります。

4

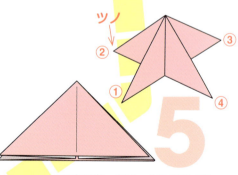

5 ここまでおったら、4つのツノを
たたせて、ほしがたにしましょう。
おなじものを、6つおります。

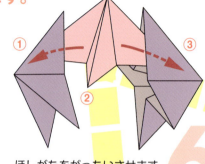

6 ほしがたをがったいさせます。
①と③のツノを、となりの
ほしのなかにさしこんだら、
②と④のツノは、ぎゃくに
おもてにだします。
となりのほしのツノが、②と④の
ツノのなかにはいります（**7**のず）。
このルールで、たがいちがいに、
くんでいきましょう。

8
また1つ、ほしを
ふやしてがったいさせます。

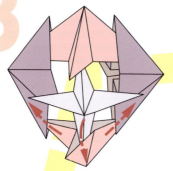

9
ぜんぶが
くみあわさったら、
かどを1つずつ
ゆびでトントンして、
すきまをつめて
いきましょう。

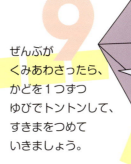

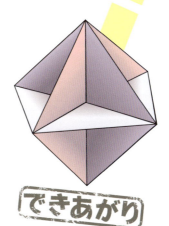

できあがり

7
おなじルールで、ほしを
1つずつふやしていきます。
ここでは、ゆるくんでおいて
だいじょうぶ。

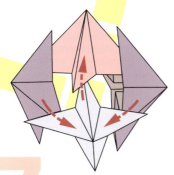

フウ〜ッ

りょうてで
はさむようにもって、
フウッといきをふきかけてね。

みんなであそぼう！

しゅりけん

にんじゃが、シュシュッとなげるぶき。
２まいのおりがみを、くみあわせてつくるよ。
なにいろをえらぼうかな？

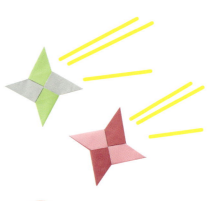

1 たて・よこに
おりすじをつけます。

2 おりすじにあわせて、
うえとしたをおります。

3 もういちど、よこにおります。
もう１まいのいろも、
3までおりましょう。

4 かどをさんかくにおります。
２まいのおりかたがちがうから、
ずをよくみてね。

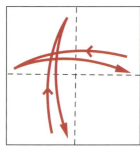

しただけ
うらがえす

5 まんなかの
おりすじに
あうように、
もういちど、
さんかくにおります。

6 したのおりがみだけ
うらがえしました。
ずをよくみてね。

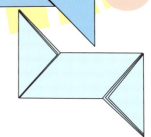

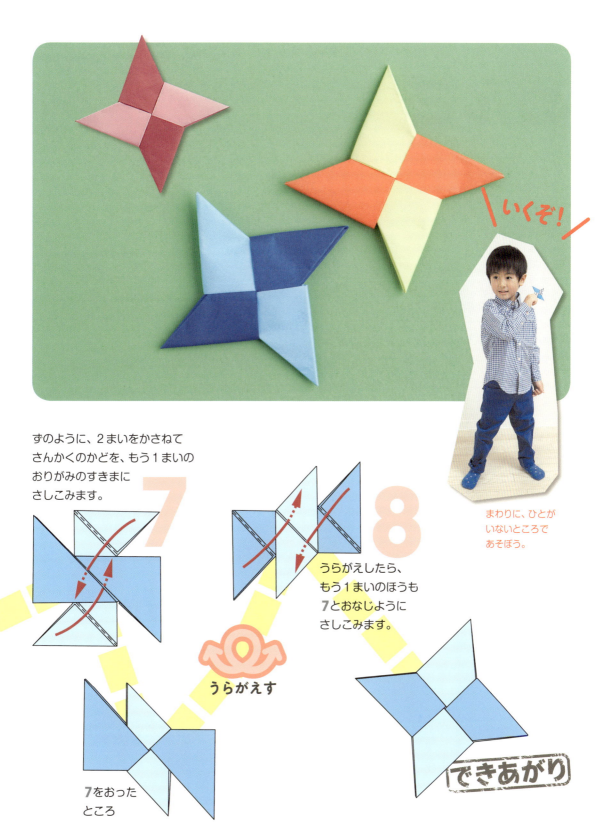

みんなであそぼう！

めんこ

じぶんのめんこを、あいてのめんこをめがけて
エイッと、うちつけてみてね。
はじきとばしたり、うらがえしたりできたら、きみのかちだよ。

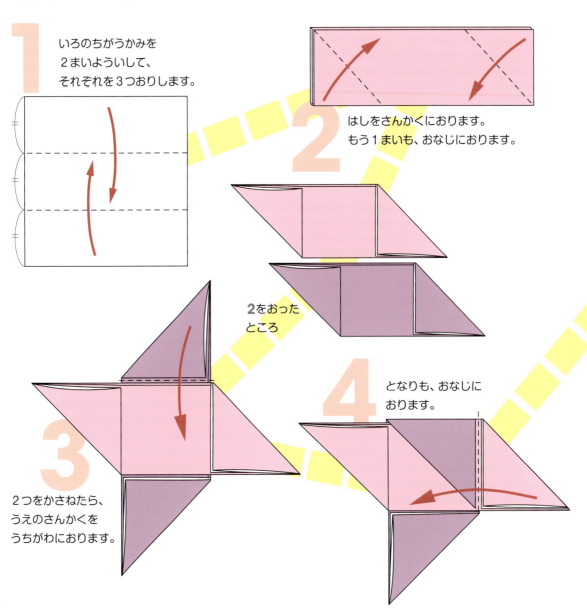

1 いろのちがうかみを2まいよういして、それぞれを3つおりします。

2 はしをさんかくにおります。もう1まいも、おなじにおります。

2をおったところ

3 2つをかさねたら、うえのさんかくをうちがわにおります。

4 となりも、おなじにおります。

6 のこりのさんかくも おなじにおります。

7 かどを、なかに おりこみます。

できあがり

5 したのさんかくも おって、かさねます。

ヤーッ！ エイッ！

カメラ

カシャッとおとのする、たのしいおりがみ。
ツノをとめなおせば、なんどでもあそべます。

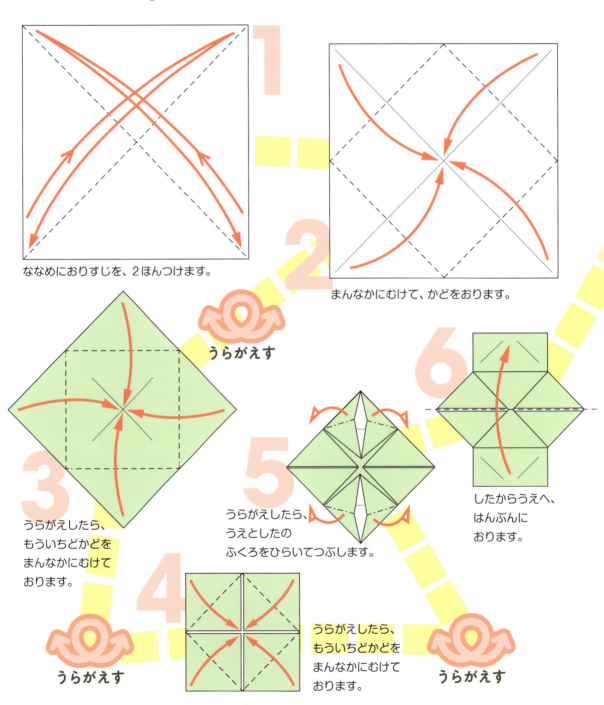

みんなであそぼう！
グローブとボール

しんぶんしでつくります。こどもようは、かためんで
おとなようは、みひらきでつくりましょう。

1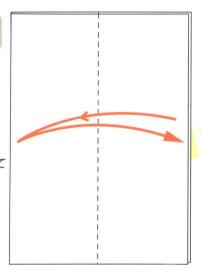

ふたつおりにして
はじめます。
はんぶんに
おってもどし、
おりすじを
つけます。

2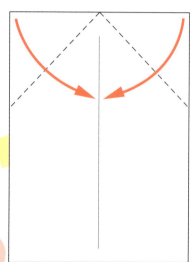

おりすじにあわせて、うえのかどを
それぞれさんかくにおります。

3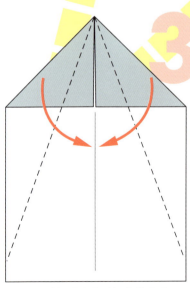

もういちど、さんかくにおります。

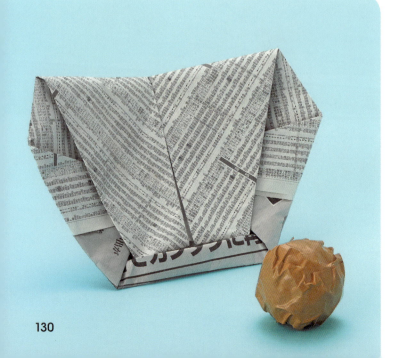

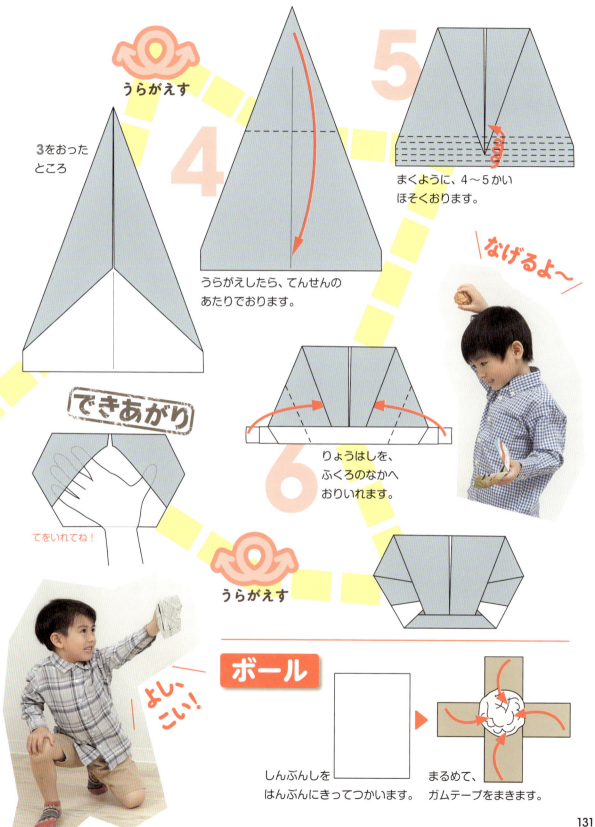

みんなであそぼう！
おすもうさん

まるいどひょうのうえで、たたかうスポーツマン。
あたまに「まげ」をつけて、りょうてをまえにのばし
「はっけよーい、のこった！」。

1 ななめに2かい
おってもどし、
おりすじをつけます。

2 4つのかどを、まんなかに
あわせて、おります。

3 まんなかのおりすじに、あわせて
みぎとひだりのかどを
むこうがわにおります。

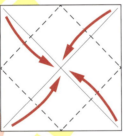
うらがえす

4 さんかくを2つ、
やじるしのほうに
ひらきます。

5 うらがえしたら、したの
さんかくは、むこうがわへ
やまおりします。
うえのさんかくは、
かどがあうように
したにおります。

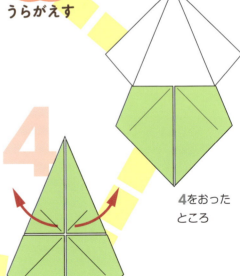
4をおった
ところ

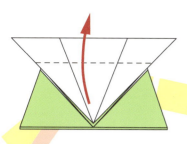

6 てんせんのあたりでうえにおります。

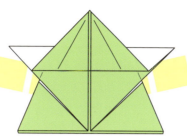

6をおったところ

うらがえす

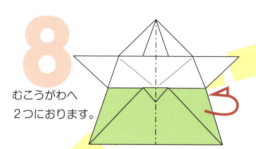

7 うらがえしたら、とびだしているさんかくを、おりかえします。

8 むこうがわへ2つにおります。

9 てんせんのあたりでおりすじをつけて、そとわりおりをします。これが「まげ」です。

そとわりおりは12ページをみてね。

できあがり

5 おいわいかざり

おおきくなあ〜れ！ おとこのこ

げんきにそだつように、とねがいをこめて
おいわいする、「こどものひ」。
かざれるおりがみを、あつめたよ。

おいわいかざり
かぶと

おさむらいさんのリーダーが、たたかうときに
かぶっていたかぶと。
とがったかざりが、かっこいいね。

1 はんぶんにおります。

2 よこはんぶんにおってもどし、おりすじをつけます。

3 みぎとひだりのかどをうえにおります。

うえとしたのむきをかえる

4 うえとしたのむきをかえたら、てまえのさんかくをそれぞれうえにおります。

5 さんかくのさきを、それぞれやじるしのほうにおりかえします。

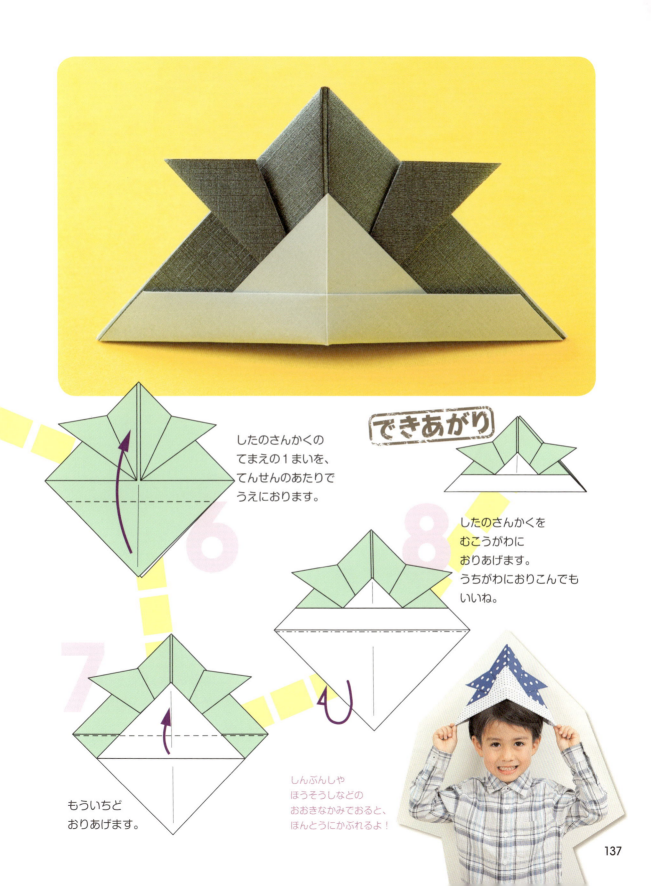

したのさんかくの
てまえの1まいを、
てんせんのあたりで
うえにおります。

できあがり

したのさんかくを
むこうがわに
おりあげます。
うちがわにおりこんでも
いいね。

もういちど
おりあげます。

しんぶんしや
ほうそうしなどの
おおきなかみでおると、
ほんとうにかぶれるよ！

おいわいかざり

こいのぼり

5がつのそらに、ゆったりとおよぐこいのぼり。
おおきい「まごい」や、あかい「ひごい」も
おって、かざりましょう。

1 はんぶんにおってもどし、おりすじをつけます。

2 おりすじにあわせてうえとしたをおります。

3 ひだりのかどを、みぎのかどにあわせてむこうがわにおります。

4 かどを、よこにひきだすようにして、ひらいてつぶします。

5 うえも、おなじようにひきだし、ひらいてつぶします。

6 うえの1まいだけをひだりにたおします。

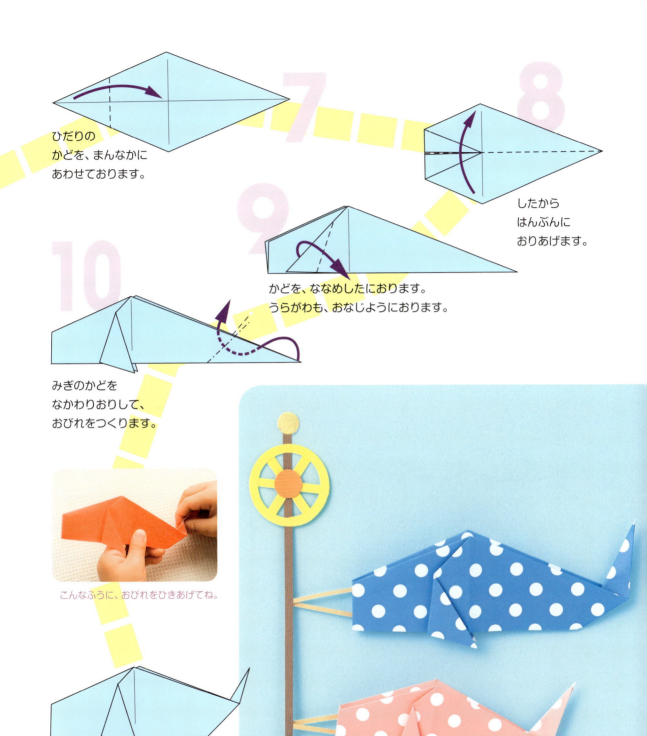

おいわいかざり

あやめ

そりかえったはなびらが、うつくしいかたちです。
たくさんつくって、かざりましょう。

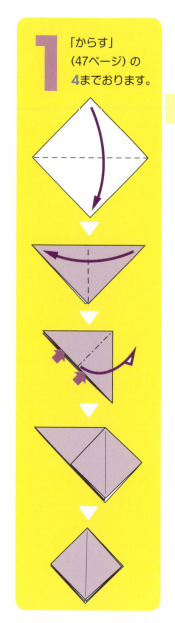

1 「からす」（47ページ）の **4** までおります。

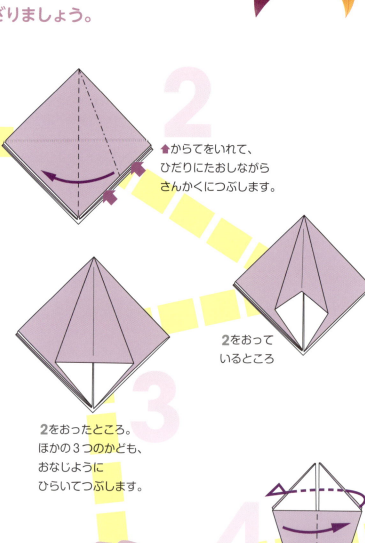

2 ←からてをいれて、ひだりにたおしながらさんかくにつぶします。

2をおっているところ

3 **2**をおったところ。ほかの３つのかども、おなじようにひらいてつぶします。

うえとしたのむきをかえる

4 うえとしたのむきをかえたら、おりずらしておるめんをかえます。

6をおって
いるところ

7

6をおったところ。
おるめんを
ずらしながら、
ほかもおなじように
5〜6をおります。

8

したのかどを
うえにおります。
おるめんをずらしながら、
ほかも
おなじにおります。

6

5のおりすじで
おりたたむようにして、
うえのかどを、したまで
おりさげます。

9

てんせんの
ところで
りょうがわから、
ほそながい
さんかくをおります。

5

ふちが、おりすじに
あうように
りょうほうのかどを
おってもどし、
おりすじをつけます。

10

9をおったところ。
おるめんを
ずらしながら、
ほかも
おなじにおります。

つぎの
ページへ

141

まえのページから

11 てんせんのところでうえのかどをおりさげます。これが、はなびらになります。

12 11をおったところ。おるめんをずらしながら、ほかもおなじにおります。

13 はなびらをかたちよくひろげます。

できあがり

えんぴつなどではなびらをカールさせると、きれいなかたちになるよ。

さくいん

あ
- アパトサウルス……96
- あやめ……140
- いか……116、119
- いかひこうき……14
- ウインドボート……23
- うま……56
- うみがめ……70
- エイ……68
- おすもうさん……132、134
- おたまじゃくし……113

か
- かたつむり……80
- かぶと……136
- かまきり……74
- かみでっぽう……120
- カメラ……128
- からす……47
- きじ……65
- きつね……60
- くじら……52、119
- くるま1……35
- くるま2……39
- グローブ……130
- くわがた……82
- こいのぼり……138
- ゴリラ……86

さ
- ざりがに……76、119
- ジェットき……16
- しゅりけん……124
- じんこうえいせい……32

- ステゴサウルス……98
- セイスモサウルス……106
- せみ……84
- ぞう……62

た
- たこ……114、119
- つばめ……54
- デイノニクス……93
- ティラノサウルス……100
- とんぼ……78

な
- にわとり……44
- のしいかひこうき……18

は
- ばった……72
- ひよこ……46
- ぴょんぴょんがえる……110
- ふきごま……122
- ブラキオサウルス……90
- プレシオサウルス……103
- へそひこうき……20
- ペンギン……50
- ボート……26
- ボール……131

ま
- めんこ……126

や
- UFO（ユーフォー）……30

ら
- らくだ……58
- ロケット……28

作品協力／**新宮文明**（おりがみくらぶ）

カバー・表紙デザイン／今井悦子（MET）
本文デザイン／今井悦子（MET）　フレーズ
撮影／小室和宏（DNPメディア・アート）　鈴木江実子・松木 潤（主婦の友社写真課）
小物作成／阪本あやこ　くわざわゆうこ
折り図製作／速水えり　竜崎あゆみ
作品製作・構成・編集／唐木順子　鈴木キャシー裕子
モデル／田邉朔良くん・五十嵐丈也くん（Comoモデル）
編集担当／松本可絵（主婦の友社）

参考文献　『脳をそだてるおりがみあそび』『はじめてのおりがみ』
　　　　　『決定版 簡単おりがみ百科』『入学までにおぼえたい 3・4・5才のおりがみ』
　　　　　『図形力とくふう力がつく 5・6・7才のおりがみ』（すべて主婦の友社）

おりがみくらぶ　http://www.origami-club.com
※本書は『チャレンジ力がつく男の子のおりがみ』（2010年刊）に新規内容を加えて再編集したものです。

決定版　男の子のおりがみ

編　者　主婦の友社
発行者　平野健一
発行所　株式会社 主婦の友社
　　　　〒141-0021 東京都品川区上大崎3-1-1
　　　　　　　　　目黒セントラルスクエア
　　　　電話　03-5280-7537（内容・不良品等のお問い合わせ）
　　　　　　　049-259-1236（販売）
印刷所　大日本印刷株式会社

■本のご注文は、お近くの書店または主婦の友社コールセンター（電話0120-916-892）まで。
＊お問い合わせ受付時間　月〜金（祝日を除く）　10：00〜16：00
＊個人のお客さまからのよくある質問のご案内　https://shufunotomo.co.jp/faq/

©Shufunotomo Co., Ltd. 2016 Printed in Japan
ISBN978-4-07-417585-7

Ⓡ本書を無断で複写複製（電子化を含む）することは、著作権法上の例外を除き、禁じられています。
本書をコピーされる場合は、事前に公益社団法人日本複製権センター（JRRC）の許諾を受けてください。
また本書を代行業者等の第三者に依頼してスキャンやデジタル化することは、
たとえ個人や家庭内での利用であっても一切認められておりません。
JRRC〈 https://jrrc.or.jp　eメール：jrrc_info@jrrc.or.jp　電話：03-6809-1281 〉